Gott

hat mich überwältigt

Die Autobiographie der hl. Teresa von Avila

ausgewählt und übertragen
von P. Antonio Sagardoy OCD

chen

Verlag Christliche Innerlichkeit
Wien

8. Auflage 2010

Verlag: Christliche Innerlichkeit
1190 Wien, Silbergasse 35
Hersteller: The Best, Einsteinstraße 28, 4600 Wels

ISBN 3-901797-11-4

Inhalt

Vorwort

Trotz der 400 Jahre, die uns bereits von der hl. Teresa von Avila trennen, haben ihre Schriften die Frische, die sie auszeichnete, behalten.

Die Autobiographie oder „Buch des Lebens“ ist nicht bloß ein biographischer Ablauf mit historischem Charakter. Ihr Leben ist vielmehr der Rahmen, in dem sie die Lehre über Gebet, Mystik und Gotteswirken entwickelt und erklärt, eine Lehre, die aus ihrer reichen Erfahrung entstanden ist. Ihre Autobiographie ist sozusagen ein tiefer Brunnen, aus dem man viel Wasser schöpfen kann. Wasser schöpfen geschieht aber nicht ohne Anstrengung. Jeder, der Teresa von Avila kennt, weiß genau, wie schwer es oft ist, ihre Werke zu verstehen, da sie wiederholt manche Themen nur kurz andeutet oder gar zwischen den Zeilen zu verstehen gibt. Ihre Art, mit feinem Humor zwischen den Zeilen zu schreiben, war auch der Anlass für diese neue Übersetzung.

Die Ausgabe der Autobiographie will vor allem Teresa den Menschen von heute näher bringen. Wir haben eine starke Straffung des Textes vorgenommen, um einerseits die Lektüre des Werkes zu erleichtern, andererseits aber die Direktheit, Lebendigkeit und Aktualität der Sprache der hl. Teresa in den Vordergrund zu stellen.

Es handelt sich allerdings nicht bloß um eine Übersetzung, sondern wie bereits gesagt um eine knapper formulierte, stark verkürzte, in vielen Fällen sogar interpretierte Wiedergabe der Autobiographie „Buch des Lebens“ der hl. Teresa.

Die spanische Originalsprache der hl. Teresa ist so lebensnah und sprudelt vor Vitalität und Frische, dass wir uns darum in gleicher Weise um eine Sprache bemüht haben, die aus dem Leben stammt und den Menschen von heute geläufig ist.

Uns war klar, dass eine zusammenfassende, ja sogar verkürzende Übersetzung einige Gefahren mit sich bringt. Doch glauben wir, es sei notwendig, diese Frau, die so normal und direkt mit den Menschen ihrer Zeit umging, einmal auch direkt und normal, ohne „geschwollene" zeitbedingte Redewendungen, zu den Menschen von heute sprechen zu lassen. Sie hat nämlich auch heute noch den Menschen viel zu sagen.

Möge die Ehrlichkeit und Aufgeschlossenheit dieses Werkes der hl. Teresa, mögen ihre Worte, die aus tiefer Erfahrung stammen, vielen Menschen einen Weg zu Gott und zum Gotteswirken öffnen.

Wien, im Jänner 1981

P. Antonio Sagardoy

Vorwort zur 8. Auflage

Viele Jahre sind bereits vergangen, seit ich die Übersetzung des Lebens der hl. Teresa in die heutige Sprache wagte. Die übergroße Akzeptanz des Buches zeigt mir, wie viele Menschen froh sind, die spanische Mystikerin in einer lebendigen und uns nahen Sprache lesen zu können.

In der Zwischenzeit sind mehrere Bücher über die spanische Karmelitin in deutscher Sprache erschienen und haben manchen Menschen diese Heilige nahe gebracht.

Darüber freue ich mich sehr und danke all jenen, die die Mühe und Arbeit auf sich genommen haben, die Werke dieser großen Frau ins Deutsche zu übersetzen oder Studien über sie zu schreiben.

Wenn ich heute trotz dieser Anzahl von wertvollen Publikationen die 8. Auflage wage, dann tue ich dies aus der Überzeugung heraus, dadurch weiterhin manchen Menschen einen adäquaten Zugang zu den Schriften der Karmelmystikerin zu ermöglichen.

In unseren Tagen wächst die Sehnsucht nach Mystik. Nicht wenige kennen sich aber nicht aus und suchen eine Stütze und Orientierung auf ihrem Weg, die ihnen selten geboten wird.

Ich betrachte es als eine ehrenvolle Aufgabe, die Schätze, die Gott unserer Kirche in der Gestalt der hl. Teresa geschenkt hat, möglichst vielen Christen zugänglich zu machen, in der Hoffnung, dass diese so menschliche und gottorientierte Heilige für sie Stütze sein kann.

Wien, im April 2010

P. Antonio Sagardoy

Wer war Teresa von Avila?

Es ist nicht leicht, mit verhältnismäßig wenigen Worten einen Menschen zu schildern, lässt sich doch kein Mensch in vorbereitete Schablonen hineinzwängen, schon gar nicht, wenn es sich um eine hervorragende Persönlichkeit handelt.

Viele Faktoren bestimmen den Menschen und darunter gibt es solche, die eine geringere, und andere, die eine größere Rolle zu spielen scheinen. Im Fall der hl. Teresa möchte ich nun vier Schwerpunkte herausheben: einen historischen, einen soziologischen, einen apostolischen und den geistigen.

Geschichtlicher Überblick

Teresa wird am 28. März 1515 in Avila geboren und stirbt am 4. Oktober 1582 in Alba de Tormes.

1536 tritt sie in das Kloster der Menschwerdung ein. Die eigentliche Wende in ihrem Dasein aber erfolgt im Jahr 1554. Von da an entfaltet sich ihr mystisches Leben.

Ihr erstes Buch - „Autobiographie oder Buch des Lebens“ - beginnt sie wahrscheinlich im Jahr 1560 zu schreiben, zu einer Zeit, als sie, wie wir annehmen können, schon erfahren ist und aus ihrer Erfahrung lebt.

1562 ist für sie ein entscheidendes Jahr: Sie gründet das erste Kloster der Unbeschuhten Karmelitinnen in Avila. Die Reform des Ordens fängt damit an. P. Rubeo, der Ordensgeneral, besucht 1567 Spanien und gibt Teresa die Erlaubnis, andere Schwesternklöster und auch zwei Männerklöster zu gründen.

In den folgenden Jahren begegnet sie bedeutenden Persönlichkeiten, so etwa den Theologen Báñez und Ibañez, Pedro Fernandez und dem Inquisitor Soto, aber auch großen Heiligen wie Johannes vom Kreuz, Petrus von Alcántara, Johannes von Avila und Franz Borja.

1568 wird das erste Männerkloster in Duruelo errichtet. Acht Jahre später, 1576, erhält Teresa von Rom den Befehl, von weiteren Neugründungen Abstand zu nehmen. Ein erbitterter Kampf wider die reformierten Klöster hebt an.

Als Teresa 1582, am Abend des 4. Oktober, stirbt, hinterlässt sie siebzehn Schwestern- und zwei Männerklöster.

Sie wird am 24. April 1614 selig- und im Jahr 1622 heiliggesprochen. Am 27. September 1970 verleiht Papst Paul VI. der hl. Teresa als erster Frau in der Geschichte den Titel „Kirchenlehrer".

Das Milieu

Die hl. Teresa lebt in einer Blütezeit Spaniens. Die Entdeckung Amerikas hat dem Land neue Entfaltungsmöglichkeiten eröffnet. Karl V. aber ringt um die Glaubenseinheit in Spanien. Dieses Bemühen bestimmt die religiöse Situation mit allen ihren Problemen wie Inquisition, Bücherverbot usw.

Teresa erfährt an sich alle diese Akzente der spanischen Politik. Sie erlebt diese Zeit nicht nur, sondern sie leidet auch unter dem Zeitgeist. Man braucht nur an jene Gefahr und Drohung zu denken, welche die Inquisition darstellte.

Es ist eine Zeit religiöser Verwirrung und Desorientierung. Die Inquisition führt Prozesse und spielt diese hoch, nur um die Menschen einzuschüchtern.

In diesem Rahmen vollzieht sich ihr Leben: Teresa ist eine Frau, die nicht nur betet, was sie an und für sich schon verdächtig macht, sondern die sogar die höheren mystischen Stufen des Gebetes erreicht. Jederzeit hätte heilloser Übereifer sie vernichten können. Die Angst vor der Inquisition verunsichert damals viele.

In der Autobiographie (Kap. 28) erzählt Teresa von dieser Furcht, unter der selbst ihr Beichtvater leidet. Etliche kommen zu ihm, warnen ihn vor ihr, mahnen zur Vorsicht und reden ihm ein, er möge doch an jene denken, die vom Teufel getäuscht worden sind.

Diese Stimmen werden so zahlreich und so laut, dass Teresa fast damit rechnen muss, keinen Beichtvater mehr zu finden, denn alle meiden sie vor lauter Angst, bei der Inquisition in Ungnade zu fallen. Manche sagen es ihr ins Gesicht, sie solle Acht geben, die Zeiten seien sehr gefährlich und nur allzu leicht könne sie bei der Inquisition angeklagt werden (Autobiographie Kap. 33).

Die Reformatorin

Einen Schwerpunkt ihres Wirkens bildet zweifellos die Reform des Karmelordens, die klein und unscheinbar beginnt, später aber, so wie ein kleiner Funke ein großes Feuer entfacht, nicht nur die Schwestern, sondern auch die Patres erfasst.

Um allein die äußeren Strapazen der Reform begreifen zu können, muss man z.B. nur der damaligen Verkehrsmittel und Verkehrswege eingedenk sein. In ihrem Buch „Klostergründungen“ hat Teresa humorvolle Seiten darüber geschrieben, „humorvolle“ deshalb, weil sie immer noch lacht: trotz schlechter Wege, Unzulänglichkeiten, Gefahren, Krankheiten, langer, fast endloser Reisen ...

Die Reform beginnt 1562 in Avila, im Kloster San José, und setzt sich fast ausschließlich in Kastilien fort, von jenen Klöstern abgesehen, die Teresa in Andalusien gründet, obwohl sie für die dortigen Menschen nicht gerade Begeisterung empfindet. Sicherlich spielt mit, dass Kastilien damals Zentrum des kulturellen und ökonomischen Lebens in Spanien ist.

Die Schwierigkeiten, die die Reform des Ordens Teresa bereitet, sind überaus vielfältig und entbehren auch nicht der Heimtücke.

Eine Anekdote erzählt, dass Teresa, nachdem sie gerade eine recht mühsame Klostergründung vollendet hat, vor den Herrn im Tabernakel hintritt und sich beklagt, es sei doch unerhört, dass Leuten, die Schlechtes beabsichtigen, alles gelinge, sie selbst aber, die doch nur für Ihn arbeite, so viele Schwierigkeiten habe. Da sagt der Herr zu ihr: „Teresa, dies ist meine Art, meine Freunde zu behandeln.“ Worauf sie prompt antwortet: „Herr, jetzt verstehe ich, warum Du so wenige hast.“

Trotz aller Belastungen, Verleumdungen und Gefahren gibt Teresa nicht auf und gründet zwischen 1562 und 1581 folgende Klöster: Avila, Medina del Campo, Malagón, Valladolid, Duruelo (Patres), Toledo, Pastrana (Schwestern), Pastrana (Patres), Salamanca, Alba de Tormes, Segovia, Beas, Sevilla, Caravaca, Villanueva de la Jara, Palencia, Soria, Burgos.

Spirituelle Autorität

In ihren Schriften wird immer wieder die Tiefe ihrer Verbindung mit Gott deutlich. Wenn sie darin manch Lehrreiches scheinbar nur so nebenbei erzählt, erreicht sie dennoch, was sie will - nämlich keine theoretischen und wissenschaftlichen Abhandlungen über das Gebet zu vermitteln, vielmehr ihre persönlichen Erfahrungen in aller Spontaneität weiterzugeben.

Ihre einmalige Lehre ist ja keine graue Theorie zum Studieren, sondern das Ergebnis des von ihr selbst gegangenen Weges.

Dies ist ja der Reiz, der große Wert ihrer Bücher: Die Ratschläge, auf die sie aufmerksam macht, ihre Einladung, sich ganz auf Christus einzulassen, sind so lebensnah und - nicht von ungefähr - auch in der Form eines persönlichen Bekenntnisses gehalten.

Ihre Werke lassen uns an ihrer spirituellen Entwicklung und ihrem Reifungsprozess teilnehmen. Sie lebt in ihnen. Zu ihren bekanntesten Schriften gehören:

„Autobiographie oder Buch des Lebens“,
„Der Weg der Vollkommenheit“,
„Die Seelenburg“,
„Die Klostergründungen“.

Sie alle legen Zeugnis von der Bedeutung dieser großartigen Frau ab.

Papst Paul VI. verlieh ihr den Titel „Kirchenlehrer“. Bei der Ansprache im Petersdom am 27. September 1972 sagte er u.a.:

„Der hl. Teresa von Jesus haben wir soeben den Titel ‘Kirchenlehrer’ verliehen - oder besser gesagt: anerkannt, dass er ihr gebührt.

Sie steht vor uns als eine in jeder Weise außergewöhnliche Frau. Ordensfrau, ganz Demut, Buße und Einfachheit, ist sie von intensiver Ausstrahlungskraft durch ihre leuchtende menschliche Vitalität und ihr glühendes geistliches Leben.

Literarischer Genius von unglaublicher Fruchtbarkeit, Lehrerin des geistlichen Lebens, kontemplativ wie kaum eine zweite und unermüdlich tätig.

Eine große,
eine einmalige
und doch so menschliche
und anziehende Persönlichkeit.

Teresa von Avila ist die erste Frau, der von der Kirche dieser Titel verliehen wird; die erste Frau, die nun Kirchenlehrerin genannt wird."

1. Kapitel

Es begann in Avila

1.1 Als ich ein Kind war ...

Tugend und Gottesfurcht meiner Eltern hätten ausgereicht, um mich mit Hilfe Gottes zu einem guten Menschen zu machen.

Mein Vater war gütig zu den Armen, zu den Kranken, zu den Dienern und voll des Verständnisses für sie. Man konnte ihn nicht dazu bewegen, Sklaven zu haben.

Tugendhaft war auch meine Mutter, anständig, übrigens sehr hübsch, leider aber auch krank ihr ganzes Leben lang.

Drei Schwestern waren wir und neun Brüder. Sie alle, von mir abgesehen, ähnelten in der Tugend den Eltern; dennoch liebte mein Vater mich am meisten.

So half mir denn alles an meinen Geschwistern, um Gott zu dienen. Ich hatte einen Bruder, der fast so alt war wie ich und an dem ich ganz besonders hing. Wir beide lasen oft gemeinsam in den Lebensbeschreibungen der Heiligen.

So erfuhren wir, dass und wie Märtyrer und Märtyrerinnen aus Liebe zu Gott gelitten hatten, und es schien mir, dass sie ihr „Bei-Gott-Sein“ auf durchaus ökonomische Weise erreicht hatten. Und auch ich begann den Tod herbeizuwünschen, allerdings nicht dass ich wüsste aus Liebe zu Gott, sondern um möglichst bald jene großen Entzückungen des Himmels genießen zu können, von denen ich damals so oft gelesen hatte.

Mein Bruder und ich überlegten darum, ins Land der Mauren zu ziehen und dort den Tod für Christus zu erleiden.

Ich glaube, dass Gott uns schon damals, in diesen jungen Jahren, den Mut dazu gegeben hätte, jedoch gab es ein großes Hindernis: die Eltern[1].

Als ich erkannte, dass uns jener Weg versperrt war, beschlossen wir, Einsiedler zu werden und zu diesem Zweck Eremitagen im elterlichen Garten zu errichten. Doch die Steine, die wir für diese Bauten zusammenlegten, fielen bald auseinander.

Ich gab Almosen, so gut ich es - wenig genug - vermochte, ich suchte die Einsamkeit, um zu beten, den Rosenkranz zumal, den meine Mutter vor allen anderen Gebeten bevorzugte.

Ich spielte mit anderen Mädchen Kloster.

Ich zählte etwa zwölf Jahre, als die Mutter verstarb. Ich begriff, was ich verloren hatte, und so kniete ich in meiner Traurigkeit vor einer Statue der Mutter Gottes nieder und bat sie unter Tränen, von nun an meine Mutter zu sein.

Ich glaube, dass diese vielleicht einfältig anmutende Bitte mir viel geholfen hat, denn immer wieder, auch später, habe ich die Jungfrau gefunden, wenn ich mich ihr anvertraute. Sie hat mich darüber hinaus zu sich zurückgeführt.

Heute belastet mich die Erinnerung daran, dass ich den guten Absichten nicht treu geblieben bin, mit denen ich begonnen hatte.

1.2 Wie ich den anderen begegnete ...

Ich hatte Vettern, die in unser Haus kamen, denn andere Menschen durften uns nicht besuchen, mein Vater war in puncto Moral sehr streng.

Diese Verwandten waren ein wenig älter als ich, sie liebten mich, ich sprach immer wieder mit ihnen und ihre Freuden und Späße bereiteten mir Freude und Vergnügen.

Wenn ich den Eltern heute etwas sagen dürfte, müsste ich ihnen raten, sehr genau auf jene aufzupassen, die mit ihren Kindern zusammenkommen; denn darin besteht ja das Übel, dass unsere menschliche Natur sich eher zum Schlechten als zum Guten hinneigt.

Ich erlebte es: Von meiner gütigen und anständigen älteren Schwester lernte ich so gut wie nichts, von der Kusine jedoch, weil sie mich faszinierte, viel Schlechtes.

Vater und Schwester waren mit dieser Freundschaft nicht einverstanden. Da aber beide den Besuch dieser Kusine nicht verhindern konnten, waren ihre Ermahnungen für mich ziemlich zwecklos. Ich war ja besonders anfällig für alles, was schlecht war.

Nie hätte ich erfassen können, wie sehr eine schlechte Freundschaft - vor allem in der Jugend - schaden kann, hätte ich selbst es nicht am eigenen Leib erlebt.

Die ständige Begegnung und das Gespräch mit dieser Kusine veränderten mich so sehr, dass ich von meinem alten Standort absank; sie und eine andere Person, die auch nur den bloßen Zeitvertreib suchte, beeinflussten mich mit ihrer Lebensart.

1.3 Wie die Familie reagierte ...

Ich lebte kaum drei Monate lang so oberflächlich dahin, als ich in das Internat eines hiesigen Klosters kam. So geschickt hatte die Familie es eingefädelt, dass nur ich und ein Verwandter davon wussten; ein günstiger Zeitpunkt wurde abgewartet, wo es nicht auffiel.

Meine Schwester hatte nämlich geheiratet und es schien nicht schicklich für ein Mädchen, ohne Mutter allein zu Hause zu bleiben. Auch ich selbst bemühte mich um möglichst große Geheimhaltung, denn mein Ansehen und mein Ruf waren mir damals sehr wichtig.

Die ersten acht Tage litt ich nicht so sehr darunter, dass ich im Internat war, sondern weil ich ahnte, dass man meine Eitelkeit entdeckt hatte.

Allmählich erschlaffte mein Widerspruch, ich fürchtete Gott, und da ich meinte, Ihn beleidigt zu haben, ging ich beichten.

Ich war vorher innerlich so zerrissen gewesen, dass ich schon nach acht Tagen mich im Internat viel zufriedener fühlte als im Haus meines Vaters.

Alle waren mit mir zufrieden, denn der Herr hatte mir die Gabe des „Beliebt-sein-Könnens“ verliehen.

Anderthalb Jahre war ich im Internat. Damals begann ich mündliche Gebete zu sprechen, ich bat bei allen um ihr Gebet: Gott möge mir den Stand zeigen, in dem ich Ihm dienen könnte. Aber so sehr ich mich auch vor der Ehe ängstigte, wünschte ich dennoch nicht den Ordensstand für mich.

1.4 Als ich ins Kloster eintrat ...

Bisweilen kam mir zwar der Gedanke, Nonne zu werden, doch verschwand er immer wieder schnell.

Ich konnte mich nicht entschließen und mein Kampf sollte an die drei Monate dauern.

Einerseits stellte ich mir, um mir selbst zu helfen, vor, dass die Anstrengung eines Klosterlebens nicht ärger sein würde als das Fegefeuer, anderseits aber gab mir der Versucher ein, dass ich, ein verwöhntes Mädchen, jenes nicht aushalten könnte.

Viele Verlockungen peinigten mich damals.

Nachdem ich mich aber entschieden hatte, überzeugte ich auch einen meiner Brüder, gleichfalls ins Kloster zu gehen, weil eben in der Welt alles sinnlos wäre. Und wir beide beschlossen, im Dämmern eines Morgens diesen Weg einzuschlagen[2]. Ich erinnere mich so, als ob es erst gestern gewesen wäre, wie ich fortging und was ich damals empfand.

Nie mehr, nicht einmal am Sterbebett, werde ich eine ähnliche Bangigkeit verspüren. Ich hatte nämlich das Gefühl, als ob mir die Knochen auseinanderfielen, und weil mir noch jene Liebe zu Gott fehlte, die stärker ist als die zu Vater und Verwandten, wären ohne die Hilfe Gottes alle meine Bemühungen vergebens geblieben. Er jedoch gab mir so viel Kraft, dass ich meinen Entschluss zu realisieren vermochte.

Schon bald nach der Einkleidung ließ mich der himmlische Vater verstehen, dass und wie Er jenen beisteht, die sich zu Seinem Dienst überwinden. Und da, in diesem Augenblick, kam die Freude über mich, dass ich nunmehr dem Ordensstand angehörte, und diese Freude hat mich bis zum heutigen Tag nicht verlassen. Ich spürte geradezu, wie Gott die Trockenheit von meiner Seele wegnahm und mir Zufriedenheit schenkte.

Erinnere ich mich an jenes Damals, so meine ich, nichts könne mehr in meinem Leben so schwer sein, dass ich ihm nicht zu begegnen imstande wäre.

Ich habe in außerordentlich schwierigen Situationen die Erfahrung gemacht - und diese nachzuvollziehen, möchte ich jedem anraten -, dass wir es nie aus nackter Angst unterlassen sollten, einen guten anhaltenden Gedanken in die Tat umzusetzen.

Wenn wir nämlich diesen aus Liebe zu Gott umsetzen, dann brauchen wir ja gar keine Angst vor einem Versagen zu haben, denn Er vermag alles.

1.5 Als ich krank war ...

Der Wechsel in den Gewohnheiten meines bisherigen Lebens, nicht zuletzt auch in denen des Essens, war meiner Gesundheit abträglich, auch wenn ich mich sonst im Kloster recht zufrieden fühlte.

So wurde ich sehr oft ohnmächtig, bekam ein arges Herzleiden und noch andere Krankheiten dazu. Im ersten meiner Klosterjahre litt ich sehr unter der Schwäche meines Leibes.

Da die Ärzte keinen Ausweg sahen, suchte mein Vater einen solchen zu finden. Er ließ mich an einen Ort schaffen, dem man eine große Heilkraft nachsagte. Da unser Kloster keine strenge Klausur hatte, durfte ich hinfahren.

Fast ein Jahr blieb ich dort und die Kuren, denen ich mich unterziehen musste, waren dermaßen anstrengend, dass ich nach zwei Monaten Behandlung mich schlechter fühlte als je zuvor.

Ich konnte nur mehr flüssige Nahrung zu mir nehmen, hatte ununterbrochen Fieber, war ganz geschwächt. Meine Nerven begannen zu versagen und ich hatte solche Schmerzen, dass ich nicht mehr schlafen konnte.

Ich war sehr traurig.

In diesem Zustand brachte mich mein Vater zurück. Wieder besuchten mich die Ärzte, meinten, ich hätte die Schwindsucht, und gaben mich auf.

Unerträglich fast waren die Schmerzen, ich spürte sie vom Kopf bis zu den Füßen und sie währten an die drei Monate.

Dann kam das Marienfest im August. Da ich öfters zu beichten pflegte, wollte ich es auch zu diesem Anlass tun.

Mein Vater ließ jedoch die Beichte nicht zu, in der Meinung, es läge diesem Wunsch die Angst vor dem Sterben zugrunde, und um mich darin nicht zu bestärken.

In der Nacht hatte ich dann einen Anfall und blieb nahezu vier Tage lang bewusstlos.

Man spendete mir die Krankensalbung, man glaubte mich am Rand des Todes, ja sie hielten mich für tot und träufelten Wachs auf meine Augen.

Das Grab im Kloster stand für mich schon anderthalb Tage bereit, die Seelenmesse wurde sogar in einem Kloster unserer Patres bereits gelesen.

Er aber wollte, dass ich wieder zu mir kam[3].

2. Kapitel

Im ständigen AUF und AB

2.1 Wie es dazu kam

Wer hätte gedacht, dass ich so rasch fallen würde, obschon Er mir geholfen und mich, zum Erstaunen aller, geistig und körperlich sozusagen von den Toten erweckt hatte.

Zeitvertreib und Eitelkeit, die Sucht danach und die Gelegenheit zu beidem brachten mich in schwierige Lagen, zerrissen mich förmlich, so sehr, dass ich mich schämte zu beten.

Ich dachte: Wenn ich schon schlecht bin, dann ist es besser für mich, wie die Mehrheit zu leben, also nicht mehr zu tun, als was ich als äußerste Pflicht Gott gegenüber empfand.

Ich hatte sehr viel Freiheit im Kloster, so wie die älteren Schwestern, die übrigens über meine Haltung recht befriedigt waren.

Sie bemerkten, dass ich, die Junge, öfters in vermeintlicher Einsamkeit Gebete murmelte, dass ich viel las, dass ich gern über Gott sprach, dass ich ein Privatoratorium besaß und noch einiges mehr, das einen frommen Eindruck machte.

Ja, es war für mich ein Nachteil, dass dieses mein Kloster keine strenge Klausur besaß, hätte doch die mir gewährte Freiheit mich ins Verderben gestürzt, wäre der Herr nicht gnädig gewesen.

Heute weiß ich, dass ein Frauenkloster mit allzu viel Freiheit die eigenen Schwächen eher fördert, als sie zu bekämpfen hilft.

Ich sprach also mit den Leuten, in der Meinung, dass mir dies weder schaden noch mich zerstreuen würde, war es doch bei uns alter Brauch, Besuche zu empfangen.

In jenen Tagen, als es mir nicht gerade gut ging und ich mir selbst nicht zu helfen wusste, wünschte ich sehr, anderen zu helfen; dies ist ja die Versuchung jener, die am Anfang sind. Mir aber gereichte sie zum Nutzen.

Ich hatte meinen Vater sehr gern, und da ich glaubte, dass das Gebet etwas Großartiges ist, versuchte ich ihm einzureden, er möchte doch dieses pflegen.

Ich gab ihm Bücher. Und weil er so tugendhaft war, kam er innerhalb von fünf oder sechs Jahren so weit, dass es Grund gab, Gott dafür zu loben.

In meinem damaligen Zustand allerdings - innerlich zerrissen - konnte ich es nicht mehr ertragen, dass mein Vater glaubte, es wäre bei mir alles in Ordnung - bei mir, die ich seit anderthalb Jahren das Gebet aufgegeben hatte, in der Meinung, dies wäre Demut.

Ich litt darunter, dass er von meinem regelmäßigen Kontakt mit Gott überzeugt war, und deshalb sagte ich ihm eines Tages: Ich bete nicht mehr!

Als Grund schützte ich meine Krankheiten vor, denn nebenbei bemerkt, leidend bin ich bis heute geblieben. Und er glaubte mir. Um ihn darin noch zu bestärken, sagte ich ihm, es wäre doch genug für mich, in den Chor zu gehen. Er liebte mich so sehr, dass er mir dies alles abnahm, und nicht nur das: Er hatte Mitleid mit mir!

Mein Vater wurde krank. Ich erwies ihm die letzten Dienste, obwohl ich an Leib und Seele mehr krank war als er.

Als er starb, kam er mir vor wie ein Engel[4].

2.2 Dennoch - ein neuer Anfang

Ich beichtete bei einem Dominikaner-Pater, bei jenem, dem mein Vater seine Sünden zu bekennen gewohnt gewesen war.

Er half mir, indem er mir auftrug: „Gehe regelmäßig zur Kommunion. Unterlasse niemals das Gebet.“ Und ich fing wieder an zu beten und habe es seitdem nie mehr aufgegeben.

Natürlich war dies beileibe nicht leicht für mich, denn durch das Gebet wurden mir ja meine Fehler immer mehr und mehr bewusst: die Diskrepanz zwischen Berufung und der Verlockung durch die Welt. Ich freute mich an allem, was mit Gott zu tun hatte, zugleich aber hielt mich das, was man unter Welt versteht, fest.

Ich Närrin wollte zwei Extreme zu koordinieren versuchen: geistiges Leben einerseits, Spaß, Unterhaltung und Zeitvertreib andererseits.

Mein Gebetsleben war mehr als mühsam, ich konnte mich nicht konzentrieren, mein Geist war schwach.

Viele Jahre verbrachte ich so und heute muss ich mich manchmal fragen, wie es denn möglich war, diesen Zwiespalt zu ertragen.

Nur der Herr ist es gewesen, der mich in diesen Jahren beschützt und mir die Freiheit geschenkt hat. Doch ich begab mich immer wieder in die Gefahr ...

Für einen Menschen ist es schlecht, allein zu sein in so vielen Gefahren. Hätte ich nur damals jemanden für eine

Aussprache gehabt, ich wäre vielleicht nicht wieder gefallen. Ich kann nur jedem, der das Gebet pflegt, raten, Kontakt zu finden mit anderen Betern.

Dies ist sehr wichtig, denn gegenseitig können sie sich helfen.

2.3 Die Wogen gingen hoch ...

In voller Absicht betone ich diesen Abschnitt meines Lebens.

Weil ich mich nicht an der festen Säule des Gebetes festhielt, habe ich fast 20 Jahre auf einem stürmischen Meer zugebracht.

Ich fiel, stand auf, versagte immer wieder.

Mein Leben war unvollkommen und oberflächlich.

Ich fürchtete zwar die Todsünde, aber ich mied weder die Gelegenheit, noch achtete ich auf die so genannten lässlichen Sünden.

Es war dies ein qualvolles Dasein: Ich hatte nichts von Gott und zugleich keine Freude an der Welt. Und wenn ich mitunter an deren Dingen Spaß empfand, so genügte der Gedanke an das, was ich Gott schuldig war, um mich traurig zu machen.

Und wenn ich Freude an Gott hatte, machten mich die Bindungen an die Welt unruhig. Es war ein so peinigender Kampf, dass ich mich heute manchmal frage, wie ich ihn nur einen Monat lang, geschweige denn so viele Jahre durchhalten konnte. So groß ist die Gnade gewesen, die Gott mir geschenkt hat.

Während ich nämlich der Welt anhing, gab Er mir den Mut zum Gebet; ich sage Mut, denn ich bin überzeugt, dass es Mut braucht, um den Herrn zu verraten und Ihn dabei doch vor Augen zu haben, in dem Wissen, dass Er von dem Verrat weiß.

Damals gelang es mir einige Monate hindurch, ja sogar ein Jahr lang, den Herrn nicht zu beleidigen. Ich betete und bemühte mich, nicht wieder zu fallen.

Ich erzähle dies, um ehrlich zu sein, ganz ehrlich ...

Nur wenige Tage gab es, an denen ich nicht betete, es sei denn, ich war krank oder sehr beschäftigt.

Dieses eine Jahr ausgenommen, von dem ich sprach, habe ich zumindest 18 Jahre hindurch einen Kampf zwischen Gott und der Welt geführt.

Ich betone dies darum, damit jedem bewusst wird, wie barmherzig Gott mit mir gewesen ist und wie undankbar ich Ihm gegenüber war. Es soll allen klar werden, welch großes Geschenk es ist, wenn Gott uns die Gnade schenkt, bewusst den Weg des Gebetes gehen zu dürfen.

Ich bin überzeugt, dass der Herr jeden, der diesem Weg treu ist, zum Ziel führen wird, auch wenn der Teufel ihm dabei tausend Fallen stellt.

So geschah es mit mir. Gott gebe, dass ich nicht abermals falle!

2.4 Ich faltete die Hände

Viele und heilige Menschen haben bereits über den Vorteil des inneren Gebetes geschrieben.

Ich bin nicht so eingebildet, darüber zu reden, könnte ich nicht etwas aus eigener Erfahrung dazu beisteuern. Wichtig ist: Wer immer den Weg des Gebetes eingeschlagen hat, soll ihn nicht wieder verlassen, selbst wenn er versagt.

Das Gebet wird ihm helfen aufzuerstehen!

Ach, lassen Sie sich nicht vom Teufel verwirren, etwa mit dem Vorwand, aus „Demut“ das Gebet aufgeben zu müssen, so wie es mir passierte.

Glauben Sie - ich bitte Sie darum! - an die Worte des Herrn. Wenn Sie alles ehrlichen Herzens bereuen und sich vornehmen, es nie wieder zu tun, werden Sie von neuem Sein Freund sein und Er wird Ihnen Seine Gnade schenken. Ich möchte jeden, der damit noch nicht angefangen hat, bitten, den Weg des Gebetes zu beschreiten.

Denn ich wünsche Ihnen das Beste. Sollten Sie keine so großen Fortschritte machen, um hohe mystische Geschenke zu bekommen, verzagen Sie nicht. Sie haben den Weg des Himmels und zum Himmel erkannt, und wenn Sie diesem Weg treu bleiben bis ans Ende, dürfen Sie auf Gottes Barmherzigkeit vertrauen.

„Inneres“ Gebet ist - meiner bescheidenen Meinung nach - nichts anderes als ein freundschaftliches Treffen, bei dem wir oft und allein mit dem zusammen sind, von dem wir wissen, dass Er uns liebt.

Ich verstehe oft nicht, dass und warum manche Menschen vor der Meditation, dem inneren Gebet also, Scheu oder Angst haben. Es ist der Satan, der uns jene Furcht einflößt. Er, der Widersacher, versuchte es auch bei mir: Ich sollte nicht an meine Sünden denken, nicht an die Realität des Himmels und der Hölle, nicht an die uns erlösenden Leiden Christi. Daran dachte ich aber und darin bestand mein Gebet, wann immer es mir in meiner Schwachheit und im Angesicht so vieler Gefahren möglich war.

Während einiger Jahre dachte ich sehr oft in der Zeit des Gebetes an das Ende dieser Stunde und horchte nur auf den erlösenden Schlag der Uhr. Nicht nur einmal hätte ich lieber alle möglichen Mühen auf mich genommen, statt zu beten. Bisweilen setzte mich Luzifer in der Tarnung meiner schlechten Gewohnheiten unter Druck, um mich vom Gebet abzuhalten. Kaum war ich in der Kapelle, überfiel mich auch schon Traurigkeit, ja Verzweiflung, und ich musste meinen ganzen Mut einsetzen, um diese oder jene zu vertreiben - man sagt übrigens, dass mein Mut groß ist und dass Gott mir einen größeren gegeben hat als sonst irgendeiner Frau. Sei's drum, Gott half mir immer.

Wenn aber Gott mich so lange ertragen hat, wer soll sich dann vor Ihm fürchten? Denn niemand wird während so vieler Jahre bei einer so großen Gnadenfülle so schlecht sein wie ich.

Wer, so frage ich, soll kein Vertrauen haben zu jenem Gott, der mich so lange Zeit ertragen hat?

3. Kapitel

Lebensänderung

3.1 Ich suche nach mehr

Zunächst möchte ich versuchen darzustellen, in welchem Maße ich damals (und doch war es zugleich die Zeit größter Gnadenfülle) innerlich eingekerkert war.

Ich merkte in jenen Tagen sehr wohl, dass ich unfrei war, doch wusste ich nicht: Wie? Wieso? Warum? Und meine Beichtväter sagten mir, meine Fehler wären ja gar nicht so arg. Mein Herz aber wusste es besser.

Einer jener Herren, zu dem ich eines Tages mit meinen Fragen, Nöten und Skrupeln ging, sagte mir sogar, alle jene gefährlichen Situationen, in die ich mich leichtsinnigerweise begeben hatte, könnten mir nicht schaden, auch wenn ich eine hohe Stufe der Beschauung besäße. Gott sei Ehre, Preis und Dank, solches geschah zu einer Zeit, als ich bereits entschlossen war, diese Versuchung zu meiden.

Sie, die Beichtväter, erkannten meinen guten Willen zum Gebet und zu dem, was man gute Werke nennt, und sie meinten, dies wäre genug; ich jedoch spürte, dass ich mehr tun und intensiver leben müsste aus Liebe zu dem, dem ich so viel schuldig war und bleibe.

Heute nun, da vieles überwunden ist, tut es mir Leid darum, dass ich damals meinem Vergnügen und meinem Zeitvertreib Spielraum gegeben hatte. Ich tat es aber in der

Meinung, es sei doch richtig, da ich von niemandem Hilfe bekam, wenn nicht von Gott.

Ich hörte gerne Predigten, auch wenn ich manchmal darunter gelitten habe. Wann immer ich einen erkannte, der eifrig predigte, gewann ich ihn lieb, ohne zu erfahren, woher diese Liebe mich überkam.

Ich fand fast nie eine Predigt so schlecht, dass sie nichts wert gewesen wäre; wenn die Predigt aber gut war, machte sie mir viel Freude.

Als ich wieder intensiv zu beten begann, konnte ich nicht genug über Gott oder von Ihm hören. Jede Predigt gereichte mir zur Freude und belastete mich zugleich, weil ich eben nicht die war, die ich hätte sein sollen.

Ich bat den Herrn um Seine Hilfe, aber ich vertraute zu wenig auf Ihn und zu sehr auf mich. Ich verließ mich nicht so auf Ihn, wie Er es von uns erwartet.

3.2 Bekehrung

Innerlich müde war ich und meine schlechten Gewohnheiten ließen mich zu keinem inneren Frieden kommen, auch wenn ich ihn wollte.

Eines Tages ging ich in die Kapelle und beim Hineingehen erblickte ich ein Bild des Gekreuzigten, das man in diesen Raum gebracht hatte für ein Fest.

Der Eindruck, den dieses Bildnis auf mich machte, brachte mich ganz durcheinander; als ich deutlich sah, was Christus für uns gelitten hatte.

Ich spürte klar wie nie zuvor, dass ich Christus, Seinen Leiden, Seinen Wunden gegenüber undankbar gewesen war. Diese Erkenntnis zerriss mir das Herz.

Unter Tränen warf ich mich auf den Boden nieder und bat den Gekreuzigten, mir Kraft zu geben, Ihn nie mehr zu beleidigen.

Diesmal half mir Sein Bild, denn, enttäuscht wie ich war, erwartete ich mir alles nur noch von Gott. Wenn ich mich richtig entsinne, so habe ich Ihm damals gesagt, ich würde mich nicht vom Boden erheben, ehe Er nicht mein Gebet erhört hätte.

Ich bin nach wie vor davon überzeugt, dass Er mir damals sehr geholfen hat, denn seitdem ging es mit mir vorwärts.

In jenen Tagen hatte ich diese Gebetsart:

Ich konnte nicht viel mit dem Verstand überlegen und so stellte ich mir Ihn in meinem Inneren gegenwärtig vor; besonders gut gefielen mir jene Situationen aus dem Leben Jesu, in denen Er allein gewesen war. Und ich dachte mir: Er, der in Not war, würde zulassen, dass ich mich Ihm nähere.

Solche lächerlichen Einfälle hatte ich oft.

Ich mochte die Stelle am Ölberg, ich versuchte Ihn zu begleiten. Ich spürte Seinen Schweiß und empfand Seine Traurigkeit und ich versuchte bei Ihm zu bleiben, solange es mir meine - nicht sehr ausdauernden - Gedanken erlaubten.

Während vieler Jahre dachte ich nachts vor dem Einschlafen an den Ölberg. Auch zu einer Zeit, als ich noch keine Klosterschwester war, hatte ich diese Gewohnheit.

Die so genannten Zerstreuungen, ich erwähnte es bereits, haben mich oft geplagt. Verlangt doch das innere Gebet - jenes „Sich-Gott-Nähern“, ohne mit dem Verstand zu denken -, dass die Seele frei davon ist, von Zerstreuungen meine ich.

Diese Gebetsart aber verbürgt erst die Liebe.

Solches zu erreichen ist nicht leicht, ausgenommen, es handelt sich um Menschen, die Gott in kurzer Zeit zum Gebet der Ruhe führen will. Ich kenne solche. Ein gutes Buch zur Hand zu nehmen mag dafür eine Hilfe sein. Blumen, Felder oder Wasser zu sehen half mir manchmal genauso wie ein Buch, da es mich an den Schöpfer erinnerte.

Ich hatte eine so schwache Phantasie, dass ich mir nur vorstellen konnte, was ich bereits gesehen hatte. Christus z.B. konnte ich mir nur als Mensch vorstellen, Ihn mir in meinem Inneren vorzustellen, gelang mir nie.

Stellen wir uns nur einen Menschen vor, der blind oder im Finstern ist, der, auch wenn er mit einem anderen spricht, diesen nicht sieht. Genauso verhielt es sich bei mir, als ich glaubte, bei Christus zu sein; darum hatte ich immer Bilder von Ihm bei mir.

Arm sind alle, die den Sinn und die Bedeutung der Bilder nicht erkennen. Damit bezeugen sie nämlich, dass sie den Herrn noch nicht recht lieben.

Wenn sie Ihn liebten, würden sie sich nämlich darüber freuen, ein Bild von Ihm zu sehen, so wie es uns auch freut, Bilder von Menschen, die wir lieben, öfters anzuschauen.

3.3 Ich bekam ein Vorbild

Eines Tages bekam ich die „Bekenntnisse“ des hl. Augustinus. Gott hatte dabei Seine Hand im Spiel, denn von mir aus, ich sag's ganz ehrlich, wäre es nicht dazu gekommen, ich hatte ja das Buch vorher nie gesehen.

Nun allerdings verehre ich den hl. Augustinus sehr, und zwar aus zwei Gründen: erstens, weil ich einmal in einem Internat seines Ordens gelebt habe, zweitens und vor allem aber, weil er ein großer Sünder gewesen ist. Er und alle jene Heiligen, die sich als hartnäckige Diener

Satans doch zu Gott bekehrt hatten, trösteten mich nämlich. Einerseits erwartete ich mir von ihnen Hilfe, anderseits beruhigte mich der logische Schluss, dass, wenn Gott ihnen verziehen hatte, Er auch mir Seine Vergebung nicht verweigern würde.

Traurig stimmte mich nur, dass Gott ihnen nur einmal und mir doch so oft verzeihen musste[5]. Aber wenn ich auch an mir zweifle, an der Liebe Gottes, des HERRN, darf und will ich nicht zweifeln.

Ich erinnere mich sehr gut, wie ich mich und meine Situation wiedererkannte, als ich mit der Lektüre dieses Buches begann. Während ich die Erzählung von seiner Bekehrung und von der Stimme im Garten las, spürte ich die Gnade des Herrn in meinem Herzen.

Ich weinte damals bitterlich und war betrübt. Gott jedoch gab mir dann viel Kraft.

Von diesem Zeitpunkt an wuchs meine Sehnsucht danach, bei Ihm zu sein. Ich war mir gewiss, Gott zu lieben, aber ich wusste noch nicht, worin die wahre Liebe zu Gott besteht. So wie ich mich erinnern kann, hatte ich mich kaum entschlossen, dem Herrn zu dienen, als Er mir bereits große Gnaden schenkte.

3.4 Gott gab die Gnade

Manchmal erfuhr ich, was ich hier nur andeuten will. Es handelt sich um eine Gnade, der noch weitere folgten, und dies geschah normalerweise, wenn ich daran dachte, bei Christus zu sein.

So war es damals, als ich plötzlich die Gegenwart Gottes ganz tief empfand, als ich mit einemmal wusste, dass Er in mir und ich in Ihm war. Es handelt sich dabei um keine Vision, jedoch um eine mystische Erkenntnis!

Die Seele ist so in Erstaunen versetzt, dass es dem Menschen scheint, außer sich zu sein.

Der Wille liebt, das Gedächtnis ist fast verloren, der Verstand denkt nicht mehr in üblichen Bahnen, er ist sprachlos geworden, weil er nunmehr so viel versteht - das nämlich, was Gott ihm zeigt.

Anfänglich überkam mich sehr oft ein zartes Empfinden der Art, von dem ich glaube, dass wir es zum Teil selbst hervorrufen können.

Dieses Gefühl, das seiner Natur nach weder ganz sinnlich noch ganz geistig ist, stellt zwar ein Geschenk Gottes dar, doch tragen wir irgendwie dazu bei, wenn wir uns etwa unserer Kleinheit und Undankbarkeit Gott gegenüber bewusst sind, wenn wir an Sein Leiden denken, wenn wir uns über Seine Werke freuen.

Wenn wir uns dies alles in Liebe vorstellen, wird die Seele froh und das Herz gerührt. Sogar Tränen kommen, Tränen, die nicht herbeigezwungen, vielmehr uns von Gott gegeben sind und gegen die wir nichts tun können. So belohnt Er unsere kleine Mühe mit einem großen Geschenk, dem inneren Trost.

An dieser Stelle fällt mir ein passender Vergleich ein: Die Freuden des Gebetes sind wohl so, wie die im Himmel sein dürften.

Die dort sind, fühlen sich nur noch eingebettet in Gottes Willen. Jeder ist zufrieden mit dem Platz, der ihm nach Verdienst zugeteilt wurde, obwohl es Unterschiede gibt zwischen den Einzelnen.

Beim Gebet verhält es sich ganz ähnlich.

Zunächst, wenn Gott einem Menschen Seine Gnade erweist, meint dieser, dass es nun nichts mehr gibt, was er sich noch wünschen kann, und er ist also zufrieden.

Er hat recht, denn nicht einmal mit allen Opfern vermöchten wir auch nur eine einzige von diesen Tränen zu erkaufen, die uns so viel helfen.

Wer diese Stufe erreicht hat, soll Gott dafür loben und davon überzeugt sein, dass er dem Herrn alles verdankt, er soll sich aber nicht ablenken lassen von einer falschen „Demut", über die ich jetzt etwas sagen will.

Manche wähnen, es sei Demut, nicht anzuerkennen, dass Gott uns Seine Gnade schenkt, ohne dabei unsere Verdienste zu berücksichtigen.

Je deutlicher wir erkennen, wie arm wir sind und wie reich Er uns gemacht hat, desto größer wird unser Nutzen und umso echter unsere Demut sein.

Sich anders zu verhalten wäre Kleinmut; auch Zeichen dafür, dass man für Größeres nicht geschaffen ist.

Man soll daher nicht ängstlich sein und sich nicht vor Eitelkeit und Stolz fürchten, nur weil einen der Herr mit Seinen Gaben beschenkt hat.

Wir müssen ganz fest daran glauben, dass uns Gott auch die Gnade geben wird zu merken, wann der Teufel uns versucht, und uns die Kraft verleihen wird, im gegebenen Fall dem Satan zu widerstehen.

Je öfter wir an das Gute denken, das uns ein Mensch tut, desto mehr werden wir ihn lieben.

Wenn es also gut und lobenswert ist, uns stets an Gottes Gaben zu erinnern, warum soll es mir dann verboten sein einzubekennen, dass ich, die ich früher so oberflächlich war, nun durch die Gnade Gottes nur noch über Ihn reden möchte?

Der Herr gibt uns Seine Gnaden, damit wir aus ihnen neue Kraft gewinnen, Ihm zu dienen.

Seien wir nicht undankbar!

4. Kapitel

Freundschaft mit Gott

Nun möchte ich über jene schreiben, die beginnen, Diener der Liebe zu sein. Zu solchen werden wir, wenn wir uns entschließen, auf dem Weg des Gebetes dem nachzufolgen, der uns so sehr geliebt hat. Dies ist eine ganz große Gnade.

Die wahre Liebe Gottes - wenn man sie ganz besitzt - ist die Ursache aller anderen Güter. Freilich lässt der Herr es nicht zu, dass wir uns an so etwas Kostbarem erfreuen, ohne dafür auch zu bezahlen; wir aber sind so geizig und zögern so sehr mit unserer Hingabe an Gott, dass wir uns nicht ganz entschließen, diese Güter zu bekommen.

Natürlich gibt es nichts auf dieser Erde, womit wir die Liebe Gottes kaufen könnten. Versuchten wir aber, uns von irdischen Dingen möglichst unabhängig zu machen und uns mehr um den Himmel zu kümmern, würde uns schließlich diese wahre Liebe Gottes bald geschenkt.

Was uns Not tut, ist - nach dem Beispiel mancher Heiliger - eine rasche und radikale Entscheidung.
Bisweilen meinen wir, dass wir Gott alles geben, obgleich wir Ihm in Wirklichkeit nur die Früchte oder den Zins abliefern, das Kapital und den Besitz aber für uns behalten.

4.1 Ein schöner Vergleich

Gott macht uns ein großes Geschenk, wenn Er uns die Gnade und den Mut gibt, uns dazu zu entschließen, mit all unseren Kräften diese Liebe zu erreichen.

Ich sagte Mut, denn es gibt viele Schwierigkeiten, die der Teufel jenen bereitet, die diesen Weg einschlagen wollen. Er setzt alles daran zu verhindern, dass sie tatsächlich den Weg beginnen, er weiß ja genau, welchen Verlust er davontragen würde.

Menschen, die sich entschlossen haben, diesen Weg zu gehen, haben vor allem am Anfang mit großen Strapazen zu rechnen. Am Anfang ist die Anstrengung nämlich viel größer, da wir selbst mit Gottes Hilfe arbeiten müssen.

Bei den weiteren Gebetsstufen steht dann die Freude im Vordergrund. Freilich müssen alle ihr Kreuz tragen, ob sie nun Anfänger oder Fortgeschrittene sind. Denn sie alle folgen Christus nach.

Geistliche Themen sind recht schwer zu erklären, vor allem jenen, die - so wie ich - keine Studien aufweisen. Gute, passende Vergleiche sind daher notwendig.

Irgendeinmal habe ich folgenden Vergleich gehört oder gelesen; in welchem Zusammenhang weiß ich nicht mehr:

Wer am Anfang steht, möge sich vorstellen, dass er auf einem mit Unkraut übersäten Boden beginnt, einen Garten anzulegen, in dem der Herr sich wohl fühlen soll.

Der Herr selbst reißt das Unkraut aus und setzt gute Pflanzen ein. Da Er so viel in uns wirkt und so vieles in Ordnung bringt, haben wir eigentlich nur zu begießen, damit die Pflanzen nicht verwelken, sondern schöne Blüten treiben. Tun wir dies, so wird der Herr oft in den Garten kommen und sich an ihm freuen.

Man muss also erkennen, wie man den Garten am besten bewässern kann, wissen, was man tun soll, ob die Strapazen größer sind als der Gewinn, wie lange man die Art fortsetzen soll ...

Ich meine, dass es vier Möglichkeiten gibt, den Garten zu bewässern[6]:

- die erste: man schöpft das Wasser aus einem Brunnen, was an und für sich eine Anstrengung bedeutet;
- die zweite: man fördert das Wasser mit einem Schöpfrad, also mit Hilfe eines Maultieres zu Tage; dies ist nicht so mühevoll und bringt mehr Wasser. Ich selbst habe dies schon oft gemacht;
- die dritte: man leitet das Wasser von einem Fluss oder Bach in den Garten. Der Gärtner muss sich noch weniger anstrengen, die Erde wird besser durchtränkt und man braucht nicht nachzugießen;
- die vierte: es regnet, der Herr benetzt alles, wir selbst haben keine Arbeit. Dies ist die beste Möglichkeit.

Die vier Möglichkeiten der Bewässerung können wir nun mit den vier Stufen des Gebetes vergleichen, die mich der Herr in Seiner Güte erfahren ließ. Hoffentlich gelingt es mir, sie so zu erklären, dass es einigen von Nutzen sei.

4.2 Die erste Stufe

Die zu beten beginnen, sind mit jenen Gärtnern zu vergleichen, die selbst das Wasser aus dem Brunnen schöpfen. Sie plagen sich sehr, um ihre Sinne zu sammeln, da diese ja gewohnt sind, frei herumzuschweifen. Langsam müssen sie sich daran gewöhnen, vor allem während der Zeit des Gebetes nichts zu sehen und zu hören.

Sie sollen auch die Einsamkeit suchen, um über ihr vergangenes Leben nachzudenken. Sowohl Anfänger wie Fortgeschrittene müssen dies immer wieder tun, wenn auch nicht in gleicher Weise.

Oft stimmt es sie traurig, dass sie nicht mit Sicherheit wissen, ob sie auch wirklich alle ihre Sünden bereuen; sie tun es aber, da sie entschlossen sind, dem Herrn zu dienen. Sie wollen sich ja mit dem Leben Christi beschäftigen, auch wenn ihr Verstand müde wird.

Bis hierher können wir selbst gelangen, natürlich nur mit der Hilfe Gottes, denn ohne Ihn vermögen wir nichts. Dies also heißt, damit zu beginnen, Wasser aus dem Brunnen zu schöpfen.

Was aber soll einer tun, der tagelang nur Trockenheit, Unlust und Langeweile erlebt? Ein solcher würde nur allzu bald aufgeben, hätte er nicht vor Augen, dass er auch so dem Herrn des Gartens dient.

Manches Mal wird er nicht einmal die Arme heben können, will sagen, es wird ihm kein guter Gedanke gelingen.

Wasser aus dem Brunnen zu schöpfen heißt, mit dem Verstand zu arbeiten.

Was tut also in diesem Fall der Gärtner? Er soll, so meine ich, sich mit der Erkenntnis trösten, dass es eine große Gnade ist, im Garten des Herrn zu arbeiten und Ihm Freude bereiten zu wollen.

Er soll Christus helfen, das Kreuz zu tragen, und er soll den Herrn unter dem Kreuz nicht fallen lassen, auch wenn die Trockenheit das ganze Leben anhalten würde.

Er braucht keine Angst zu hegen, dass seine Arbeit umsonst ist; alle Prüfungen haben ihre Belohnung, das sage ich aus Erfahrung.

Ich denke mir, dass der Herr alle die Schwierigkeiten und Versuchungen zulässt, um jene zu prüfen, die Ihn lieben, und um zu sehen, ob sie den Kelch trinken und Ihm helfen können, das Kreuz zu tragen. Dies macht der Herr, bevor Er ihnen noch größere Schätze anvertraut.

Gott will uns damit zeigen, wie gering wir sind. Dies ist sehr gut für uns. Wer erkennt, dass er bereit zur Nachfolge Christi bis zum Tod am Kreuz ist, soll sich nicht fürchten, vielmehr Gott loben und an Seine Güte glauben, denn Er hat Seine Freunde nie im Stich gelassen.

Menschen, die den Weg des Gebetes entschlossen einschlagen, sollen sich das gut merken.

Wenn sie sich nichts daraus machen, ob sie nun etwas oder gar nichts beim Gebet spüren, sind sie einen Großteil des Weges bereits gegangen und sie werden nicht zurückfallen, selbst wenn sie stolpern, denn ihr Bau ist auf festem Fundament gegründet.

Die Liebe Gottes besteht ja nicht in Tränen oder geistlichen Gefühlen - denn meistens wünschen wir sie nur zu unserem Trost - vielmehr darin, dass man Ihm in Gerechtigkeit, Stärke und Demut dient.

Ich kann es nicht oft genug sagen: Für den, der innerlich frei werden will, ist es sehr wichtig, weder traurig noch besorgt zu sein wegen der Trockenheit, der Unruhe oder den Zerstreuungen. Er darf keine Angst vor dem Kreuz haben, darin nämlich wird er erkennen, wie der Herr ihm beim Tragen hilft; er wird froh und zufrieden sein und aus allem seinen Nutzen ziehen.

4.3 Der Gefahr ausgesetzt

Ich möchte nun über einige Versuchungen sprechen, die ich bei Anfängern beobachtet und selbst durchgemacht habe, und ein paar Ratschläge geben.

Von Anfang an soll man mit Freude und in Freiheit handeln. Einige meinen nun, dass sie die Andacht verlieren, wenn sie nicht wie ein „Haftelmacher“ aufpassen.

Gewiss, Vorsicht ist gut und man soll sich nicht leichtfertig der Gefahr aussetzen, Gott zu beleidigen. Doch gibt es viele Situationen, in denen wir uns erholen können und dürfen, um mit neuer Kraft zum Gebet zurückzufinden. Hausverstand ist eben notwendig!

Wir sollen unseren Wünschen keine Grenzen setzen, vielmehr vertrauensvoll von Gott erhoffen, dass auch wir, wenn wir uns bemühen, dorthin kommen werden, wo die Heiligen bereits angelangt sind.

Gott liebt mutige Menschen, die aber zugleich demütig sind, also sich nicht auf sich selbst verlassen.

Es ist außerordentlich bedeutsam, sich für diesen Weg zu großen Dingen zu entschließen.

Die ersten Entscheidungen sind von großem Wert, auch wenn es notwendig ist, auf der ersten Stufe nicht zu schnell zu laufen und sich der Führung eines erfahrenen und klugen Meisters zu unterstellen. Man darf auch die Demut nicht vergessen, d.h. die Einsicht, dass alle Kraft letztlich nicht von uns kommt. Man muss jedoch verstehen, wie diese Demut beschaffen sein soll, da der Satan immer wieder versucht, den Betenden gerade in dieser Beziehung falsche Vorstellungen vorzuspiegeln.

Da hält man es auf einmal für vermessen, Großes zu denken, die Heiligen nachzuahmen oder gar das Martyrium zu wünschen. Die Heiligen, so meinen wir, sind zu bewundern, aber nicht nachzuahmen, denn sie sind uns eine Nummer zu groß.

Sicherlich sind wir kleine, sündige Menschen, doch sollten wir unterscheiden lernen, welche Heilige wir nachzuahmen imstande sind und welche nicht.

Nicht alle sind und nicht alles ist für uns unerreichbar.

Selbstverständlich wäre es für einen kränklichen Menschen nicht ratsam, mit strengem Fasten und Abtötungen zu beginnen oder etwa in die Wüste zu gehen, wo er weder essen noch schlafen kann.

Wir wollen aber daran denken, dass es uns, soferne wir uns nur bemühen, mit Gottes Hilfe doch möglich wäre, uns von materiellen Dingen nicht vergewaltigen zu lassen.

Leider sind wir so engherzig, dass wir Angst davor haben, den Boden zu verlieren, wenn wir unseren Körper zugunsten des Geistes ein wenig vernachlässigen.

So denken wir denn bisweilen, dass uns erst der Besitz von allem Notwendigen zur Sammlung verhilft, da materielle Sorgen uns beim Gebet beunruhigen. Mir tut es wirklich Leid, dass wir so wenig Gottvertrauen und so viel Eigenliebe haben.

Diese Haltung ist nichts anderes als der Versuch, Körper und Seele gleichermaßen zufriedenzustellen, d.h. wir wollen sowohl auf Erden unsere Ruhe haben als auch im Himmel uns an Gott erfreuen. Mag sein, dass wir beides, wenn wir uns um die Tugend bemühen, tatsächlich erreichen können, jedenfalls aber gehen wir dabei langsam wie eine Henne und werden so sicher nicht zur Freiheit des Geistes vorstoßen.

4.4 Aus der Erfahrung

An sich hatte ich immer große Wünsche, aber, wie schon erwähnt, versuchte ich zu beten und zugleich so zu leben, wie es mir gefiel.

Hätte mir damals jemand geholfen, wäre ich mehr darum bemüht gewesen, jene Wünsche zu verwirklichen. Meiner Meinung nach sind die meisten Menschen übervorsichtig in diesen Dingen und das ist auch der Grund, warum Anfänger nicht schneller voranschreiten. Nicht an Gott liegt es, wenn wir nicht weiterkommen, sondern an uns selbst.

Wir könnten also den Heiligen etwa so nacheifern, dass wir Einsamkeit, Stille oder andere Tugenden anstreben, Zustände oder Verhaltensweisen, die unseren Leib bestimmt nicht umbringen. Der Teufel jedoch will uns deren Gesundheitsschädlichkeit einreden. Ich habe dies selbst erfahren. Da ich kränklich war und bin, fühlte ich mich so lange wertlos und wie gefesselt, bis ich mich entschloss, einfach nicht mehr auf den Körper und die Gesundheit zu achten. Und der Herr half mir, die List des Teufels zu erkennen!

Obwohl ich also immer wieder krank gewesen bin, vermochte ich doch in vielen Fällen zu sehen, dass eine satanische Versuchung oder auch nur meine Nachlässigkeit allen Übels Wurzel war.

Glauben Sie mir, was ich aus Erfahrung sage: Man soll am Anfang des Gebetslebens die eigenen Gedanken nicht verschüchtern.

Vielleicht können Sie aus meinen Fehlern lernen.

Eine andere Versuchung taucht in dem Augenblick auf, in dem man zu erfahren beginnt, welche Ruhe und welchen Gewinn einem das Gebet schenkt.

Man will, dass alle Menschen frömmer werden.

Dieser Wunsch ist ja nicht schlecht, doch muss man, um ihn zu verwirklichen, mit großer Klugheit vorgehen und darf beileibe nicht den Eindruck erwecken, dass man die anderen belehren will.

Am Anfang aber soll ein jeder sich nur um sich selbst kümmern, so als ob er und Gott allein wären; dies ist das Beste.

Eine weitere Versuchung zeigt sich unter dem Deckmantel des Eifers für die Tugend.

Manche werden traurig, wenn sie bei anderen Fehler entdecken. Der Teufel lässt sie meinen, die Traurigkeit rühre nur davon her, dass Gott beleidigt werde, und darum möchte man Änderung schaffen. Darob wird man dermaßen unruhig, dass es auf einmal unmöglich ist zu beten.

Dass man eine solche Haltung als tugendhaft und als Ausdruck eines großen Eifers für das Himmelreich ansieht, ist das größte Übel.

Das Sicherste für den Betenden ist es, sich weder um alles noch um alle zu kümmern, vielmehr auf sich selbst zu schauen und Gott zufrieden zu stellen.

Dies ist sehr notwendig. Wenn ich die Fehler aufzählen würde, die ich gesehen habe und die begangen wurden nur aus gutem Willen ...

Bejahen wir also die Tugenden und guten Seiten, die wir bei den anderen sehen, und decken wir ihre Fehler mit unseren großen Sünden zu.

4.5 Diskursive Meditation

Wer beim Gebet mit dem Verstand wenig vermag, soll Geduld haben, bis der Herr ihm Licht und etwas gibt, womit er sich beschäftigen kann. Für solche Menschen ist der Verstand mehr ein Hindernis denn eine Hilfe.

Jene aber, die viel überlegen, sollen auf Folgendes achten. Sie dürfen nicht die ganze Zeit auf das Denken verwenden. Da ihnen ihre Gedanken viel bringen, glauben sie nämlich, dass es für sie weder einen Sonntag noch eine andere Zeit der Erholung geben darf.

Manchmal sind sie sogar der Ansicht, es wären verlorene Stunden, wenn sie eine Pause machten. Ich betrachte diesen scheinbaren Verlust für einen großen Gewinn.

Sie sollen sich vielmehr vorstellen, dass sie vor Christus stehen und mit Ihm sprechen und sich freuen, ohne den Verstand zu strapazieren. Sie sollen nicht Argumente zusammenbasteln, sondern dem Herrn ihre Nöte mitteilen.

Sie müssen unterscheiden lernen, was man zu dieser Zeit macht und was zu einer anderen, auf dass die Seele nicht stumpf wird.

Ich möchte dies noch genauer erklären, weil alles rings um das Gebet schwer verständlich ist, wenn man keinen Lehrer hat. Ich habe darunter sehr gelitten, dass ich anfänglich nur auf Bücher angewiesen war, und so habe ich mit jenen Mitleid, die in derselben Situation sind.

Nehmen wir also an, dass wir an ein Geheimnis der Leidensgeschichte denken, etwa an Jesus an der Geißelsäule. Der Verstand sucht jetzt Gründe zu finden für die großen Schmerzen des Herrn, für Seine Pein und noch für andere Dinge, die ihm, wenn er nur sehr fleißig am Werk ist, zugänglich sind.

Mit dieser Art des Gebetes müssen alle sowohl beginnen als auch enden, denn sie ist der beste und sicherste Weg, ehe der Herr uns zu übernatürlichen Dingen führt.

Andere wieder denken an die Hölle, den Himmel oder den Tod. Sehr sensible Leute halten sich statt dessen lieber an die Größe und Liebe Gottes. Auch dies ist ein vortrefflicher Weg, doch sollten sie dabei die Leidensgeschichte und das Leben Christi nicht vergessen, denn von dort her kommt alles Gute für uns.

4.6 Bedeutung einer guten Führung

Wer beginnt, soll auf die beste Hilfe schauen, dazu braucht er jedoch einen erfahrenen Meister.

Mit einem unerfahrenen fängt er nichts an, dieser irrt sich selber, wird die fremde Seele nicht verstehen und diese sogar daran hindern, sich selbst kennen zu lernen.

Manche trauen sich in der Überzeugung, dem Seelenführer unbedingt gehorchen zu müssen, auch nicht ein wenig von dem abzuweichen, was er ihnen befiehlt.

Ich habe Menschen getroffen, die sehr kleinmütig und enttäuscht waren, nur weil der Seelenführer keine Erfahrung hatte. Ich kann mich an eine Person erinnern, die gar nicht mehr wusste, was sie tun sollte. Und diese Erfahrung zeigte mir: Wer den anderen nicht versteht, läuft Gefahr, ihn nicht nur traurig zu stimmen, sondern auch seinen weiteren Fortschritt zu behindern.

Einmal kam jemand zu mir, den der Seelenführer schon 8 Tage wie in Banden geschlagen hatte; er erlaubte ihm nur, sich in der Selbsterkenntnis zu üben, obwohl der Herr ihm bereits das Gebet der Ruhe geschenkt hatte. Jener litt viel darunter. Selbsterkenntnis ist sicherlich notwendig, sie ist das Stück Brot, das alle Speisen auf dem Weg des Gebetes begleiten soll. Man muss es aber mit Maß essen.

Deshalb meine ich, dass der Seelenführer sehr klug und erfahren sein soll[7]. Wenn er dazu noch viele Kenntnisse hat, ist es umso besser. Findet man nicht alle drei Eigenschaften, wären wohl die beiden ersten am wichtigsten; um einen bloßen Gelehrten kann man sich im Bedarfsfall immer noch umschauen. Am Anfang freilich helfen gelehrte Leute, die kein eigenes Gebetsleben haben, nur höchst wenig. Damit will ich aber nicht sagen, dass man sich nicht von kenntnisreichen Menschen beraten lassen soll, im Gegenteil, einen Geist, der nicht auf der Basis der Wahrheit ruht, möchte ich lieber ohne Gebet wissen.

Ein Beispiel zum besseren Verständnis:

Eine Klosterschwester fängt an, das Gebet zu pflegen. Wenn sie dabei von einem geführt wird, der einfältig ist und sich einbildet, sie müsse ihm mehr als ihren Oberen gehorchen, wird er dies sagen, und zwar sicherlich nicht aus Bosheit, sondern in der Meinung, dass es so richtig sei - er ist nämlich kein Ordensmann.

Handelt es sich um eine verheiratete Frau, wird derselbe ihr etwa sagen, dass es besser für sie sei, im Gebet zu verharren, auch wenn sie längst zu Hause sein sollte und darob ihr Gatte ungehalten ist.

So ein Seelenführer kann weder die rechte Zeit von der falschen, noch rechte Dinge von unrechten unterscheiden. Da er selbst kein Licht besitzt, kann er anderen auch bei bestem Willen dieses nicht vermitteln.

Auch wenn man nach alledem glauben könnte, dass für die Seelenführung kein Wissen notwendig wäre, sollte sich doch - und dies ist meine felsenfeste Überzeugung - jeder Christ möglichst von einem beraten lassen, der viel Wissen hat. Jene aber, die sich auf dem Weg des Gebetes befinden, brauchen solches noch mehr und je geistiger sie sind, desto mehr. Lassen wir uns nicht täuschen von dem Gedanken, dass kenntnisreiche Seelenführer ohne Gebet wertlos seien für Leute, die sich dem Gebet widmen.

Auch wenn manche keine praktische Erfahrung haben, verkennen sie doch nicht den wahren Geist aus ihrem Umgang mit der Heiligen Schrift.

Ich bin ein wenig vom Thema, das ich erklären wollte, abgekommen; doch hoffentlich habe ich damit den Anfängern ein wenig dabei geholfen, den Weg des Gebetes richtig zu beginnen.

5. Kapitel

Gebet der Ruhe

Nachdem ich nun dargelegt habe, wie anstrengend und mühsam es sein kann, den Garten zu bewässern, komme ich zur zweiten Art oder Möglichkeit, Wasser aus dem Brunnen zu schöpfen. Dies geschieht mittels eines Rades. Der Gärtner schöpft dadurch mehr Wasser und hat dabei weniger Arbeit. Auf unser Thema bezogen heißt jene zweite Art oder Stufe: Gebet der Ruhe.

Die Seele sammelt sich und beginnt langsam, mit dem Übernatürlichen Kontakt zu halten, was sie ja aus eigener Kraft nie erreichen könnte. Zuvor hatte sie sich lange abgeplagt, Wasser mit dem Eimer zu schöpfen, d.h. mit dem Verstand zu überlegen. Jetzt aber verhält es sich für sie anders: Der Wasserspiegel ist höher und die Mühe kleiner geworden, denn die Gnade gibt sich der Seele deutlich zu erkennen.

5.1 Was dabei geschieht

Alles, was nun geschieht, bereitet so große Freude und strengt so wenig an, dass das Gebet nicht müde macht, selbst wenn es lange dauert. Schritt für Schritt schöpft man viel mehr Wasser aus dem Brunnen als ehedem.

Das Wasser, die Gnaden also, die der Herr schenkt, lässt die Pflanzen üppiger wachsen als zuvor. Die Seele erhebt sich aus ihrem Elend und ahnt die Freuden des

Himmels. Solches lässt sie rascher wachsen und bringt sie der wahren Tugend näher, Gott nämlich, dem Ursprung aller Tugenden.

Wer diese Stufe erreicht hat, verliert alsbald das Verlangen nach irdischen Gütern, weil er begreift, dass man auf Erden eine mit der himmlischen auch nur am Rande vergleichbare Freude nicht finden kann. Denn weder Reichtum noch Macht noch Ansehen noch irgendein Vergnügen vermögen uns auch nur für einen Augenblick und auch nur ein wenig von dieser echten Freude zu schenken.

Die Freuden der Welt aber stellen immer ein Zwischending dar, sind ein Ja, zugleich aber auch ein Nein. Im Gebet der Ruhe gibt es nur ein Ja, das Nein kommt später, dann, wenn man merkt, dass die Gottesbegegnung vorbei ist und man sie nicht festhalten konnte. Wenn der Herr uns diese nicht schenken will, helfen weder Gebet noch Abtötungen.

Möge der große Gott die Seele Seine Nähe erfahren lassen, die bewirkt, dass sie direkt und ohne zu schreien mit Ihm zu reden vermag.

5.2 Der Garten in uns

In unserem Garten beginnen die Bäume zu treiben, um dann zu blühen und Frucht zu tragen, verströmen die Blumen ihren Duft. Seit Beginn meines religiösen Lebens bereitet mir der Gedanke Freude, dass meine Seele ein Garten ist, in dem der Herr wandelt.

Ich bat Ihn, Er möge den Duft dieser kleinen Blumen vermehren, d.h. der Tugenden, die zu keimen beginnen. Ich versicherte Ihm auch, dass alles zu Seiner Ehre geschehe und nichts zu der meiner eigenen Person. Herr, Du mögest jene pflegen oder auch zurechtschneiden, die Du pflegen oder zurechtschneiden willst, auf dass noch schönere und bessere Blumen wachsen können.

Ich habe „schneiden“ gesagt, weil es Augenblicke gibt im geistlichen Leben, in denen man nichts mehr vom Garten sieht: Ausgetrocknet erscheint alles und dürr und man könnte wähnen, dass die Seele keine Tugenden kennt.

Und Leid bedeutet dies: Der Herr lässt zu, dass der Gärtner zur Überzeugung kommt, all sein Mühen sei umsonst. Und doch erfolgt erst hier die Ausjätung des Unkrautes, auch des winzigen. Freilich kommt es erst dann dazu, wenn wir zu der Erkenntnis gelangt sind, dass all unsre Mühe nichts nützt, es sei denn, Gott schenkt uns das Wasser der Gnade. Man wird unter solchem Aspekt sehr demütig.

5.3 Ruhe und Sammlung

Die Sammlung der Seele erkennt man deutlich am Frieden, an der Zufriedenheit und am Ruhen der Sinne.

Da sie nichts Höheres erfahren hat, glaubt die Seele, dass es nichts mehr zu wünschen gibt und würde darum gern wie der hl. Petrus an jenem Standort ihr Zelt aufschlagen. Sie hat nicht den Mut, sich zu bewegen, fürchtend, sie könnte einen zerbrechlichen Schatz aus den Händen fallen lassen.

Die - wahrlich arme - Seele versteht anscheinend Folgendes nicht: Genausowenig wie sie einst in der Lage war, die Gnade aus sich selbst hervorzuzaubern, kann sie diese jetzt länger festhalten, als dies der Herr wünscht.

Ich sagte bereits, dass in dieser ersten Phase der Sammlung und Ruhe Verstand und Vorstellungskraft nicht ausgeschaltet werden. Der Wille aber ist so tief mit Gott verbunden, dass die Seele während der Dauer des Gebetes eine Freude im Schöpfer findet, die ihr im Durcheinander des Verstandes und der Vorstellungskraft den Frieden und die Ruhe bewahren. Ja, der Wille ist sogar in der Lage, den Verstand und die Imagination langsam wieder in Sammlung zurückzuführen.

Möge Gott, der Herr, mir helfen, damit ich dies gut erkläre, zum Nutzen und Frommen jener vielen Menschen, die zwar bis hierher kommen, doch nicht weiterzugehen vermögen.

Ich weiß nicht, wer daran schuld ist. Sicherlich nicht Gott, denn Er wird gewiss nicht aufhören, weitere Gnaden zu schenken, es sei denn, wir sind selber an Seinem Verstummen schuld.

Es ist sehr wichtig, dass wer immer bis zu dieser Stelle gekommen ist, sich stets bewusst ist, zu welcher Würde er erhoben und in welchem Maße er begnadet wurde.

Unglücklich ist, wer zurückfällt. Zweifellos geht es mit ihm abwärts, so wie es bei mir einst der Fall war, bis der Herr in Seiner Güte mich zur Umkehr brachte. Ich glaube, dass alles Zurückfallen immer nur durch große Fehler verursacht wird, aber auch, dass es kaum möglich ist, ein so überwältigend großes Gut stehen zu lassen, ohne gänzlich blind geworden zu sein.

Ich bitte daher alle, denen der Herr die Gnade dieser zweiten Stufe des Gebetes geschenkt hat, dass sie sich selbst kennen und schätzen lernen mögen, mit Bescheidenheit und Stolz zugleich, um nicht zu den Fleischtöpfen Ägyptens zurückzukehren.

Wenn jemand aber aus Schwachheit oder Bosheit versagt, so wie es mir geschah, soll er immer daran denken, was er verloren hat, soll vorsichtig sein und den Abstieg fürchten, wenn er nicht zum Gebet heimfindet.

Echtes Versagen ist nur, wenn man den erkannten Weg verachtet, durch den wir bereits so viel erreicht haben.

Versteht mich doch, bitte, richtig! Ich sage nicht, dass wir Gott nie beleidigen werden, denn wir sind allesamt schwache Menschen. Wäre es jedoch nicht am Platz, dass der Begnadete zumindest bestrebt ist, nicht wieder zu sündigen? Ich betone darum dies: Ihr sollt das Gebet niemals aufgeben, denn nur in ihm werdet ihr erkennen, was ihr überhaupt tut, und nur in ihm könnt ihr vom Herrn die Kraft empfangen, zu bereuen und wieder aufzustehen.

Seid überzeugt, dass ihr euch in tödliche Gefahr begebt, wenn ihr euch vom Gebet trennt. Bei mir jedenfalls war es so.

5.4 Wie man sich verhalten soll

Das Gebet der Ruhe ist ein kleiner Funke aus der Flamme der echten Liebe Gottes; der Herr entzündet ihn in der Seele und will, dass diese immer besser erfährt, wie kostbar diese Seine Liebe ist.

Jener Funke, man kann ihn auch Ruhe oder Sammlung nennen, kommt von Gott und nicht vom Teufel und schon gar nicht aus unserer Mühe. Es ist fast unmöglich, dass der Erfahrene nicht begreift, dass wir dies nicht aus eigener Kraft erreichen können. Unsere Natur ist zwar begierig nach schmackhaften Dingen, doch bald ist es mit ihnen vorbei.

Von jenem Funken aber, den Gott in uns entzündet, wissen wir zutiefst, dass er ein großes Feuer entfachen wird. Ihn gab Gott der Seele als Unterpfand dafür, dass Er sie für noch größere Gnaden auserwählt hat, wenn sie sich nur auf Seinen Empfang vorbereitet hat. Dies ist eine unvorstellbar große Gnade!

Es tut mir unendlich Leid, dass so viele Menschen zwar diese Stufe des Gebetes erreichen, nur wenige aber über sie hinausschreiten. Vergrabt doch, bitte, nicht euer Talent, das euch Gott gegeben hat zum Nutzen eurer Mitmenschen!

Während der Zeit der gnadenvollen Ruhe soll sich die Seele der Sanftheit befleißigen und kein Aufheben von sich machen. Aufheben oder Lärm nenne ich jenes intellektuelle Treiben - mit Worten oder in Gedanken -, das sich krampfhaft bei Gott bedankt oder krampfhaft nach Sünden sucht.

Der Verstand bastelt gerne Überlegungen und unser Erinnerungsvermögen sprudelt nur allzu gerne über. Der Wille jedoch soll in heilsamer Nüchternheit einsehen, dass man Gott nicht mit Brachialgewalt unter Druck setzen kann. Die ganze Arbeit mit dem Verstand allein gleicht Holzscheiten, mit denen man den Funken zu ersticken vermag.

Der Wille soll weder auf den Verstand, die große Nervensäge, hören noch ihm oder ihr nachrennen. Er soll vielmehr ruhig und gesammelt den Frieden genießen, wie dies die klugen Bienen tun. Denn wenn keine in den Bienenstock hineingeht, sondern sie stattdessen einander nachfliegen, gäbe es keinen Honig.

Ich meine es in aller geziemenden Bescheidenheit: Wer nicht darauf achtet, wird sehr viel verlieren. Und dies gilt vor allem für den, der einen sehr wachen Verstand hat, dem das Ordnen von Argumenten und Gesprächen den Eindruck erweckt, etwas geleistet zu haben. Es ist aber nicht so.

Wir müssen verstehen lernen: Gott schenkt uns diese und andere Gnaden, weil Er es in Seiner Güte so will. Aus der Erkenntnis heraus, dass wir Ihm ganz nahe sind, sollen wir beten: für die Kirche, für unsere Brüder und Schwestern, für die Lebenden und die Verstorbenen. Ein solches einfaches Gebet erreicht mehr als intellektuelles Gespinst.

Der Wille also soll Motive oder Gründe erstehen lassen, um diese Liebe zu entfachen, ohne dabei den Verstand über Gebühr zu strapazieren. In dieser Situation mögen, um jenen Funken zu entfachen, ein paar Strohhalme genügen, die ich ganz bescheiden hineinlege und die deshalb vielleicht wirksamer sind als große, von mehr oder minder geistreichen Überlegungen durchfaserte Holzscheite.

Im Gebet der Ruhe sollen wir die Seele sich ausruhen lassen, sollen wir unser ganzes angelerntes Wissen vergessen in der inneren Gewissheit, dass vor der ewigen Weisheit die Übung der Demut mehr gilt als die Wissenschaft der Welt. Man soll eben auf diesem Standort nicht argumentieren, sondern in aller Ehrlichkeit anerkennen, wie wir sind und dass und wie wir vor Gott stehen.

Der Verstand in seiner komplizierten Art versucht Dank zu sagen, der Wille aber in seiner Einfachheit vermag es.

Das meditative Gebet soll selbstverständlich dabei nicht ganz beiseite gelassen werden, zuzüglich einiger Stoß- oder mündlicher Gebete; ist es doch nicht leicht, sich auszudrücken, gerade wenn die gnadenvolle Ruhe sehr tief in uns hineinreicht.

5.5 Wenn der Teufel am Werk ist ...

Man kann auch erkennen, ob jene Ruhe aus Gott kommt oder nicht. Ist diese Ruhe Frucht unserer Bemühung, dann lässt sie keine Wirkung zurück, ist schnell vorbei und hinterlässt peinvolle Trockenheit.

Ja, Ruhe kann auch satanische Täuschung sein. Gottlob, man kann eine solche an ihren Folgen sofort erkennen: Sie macht nämlich rastlos, alles andere als demütig, hat weder Klarheit im Verstand noch Festigkeit in der Wahrheitsfindung zur Folge. Der Teufel aber wird uns nicht schaden können, wenn wir unsere Gedanken und Wünsche ganz auf Gott richten. Tun wir so, wird der Teufel verlieren, weil sich eben die Seele dem Gebet noch intensiver widmen wird, in der richtigen Meinung, dass alles von Gott kommt.

Das beste Mittel, um sich von der List des Teufels in diesem Bereich der geistlichen Wonnegefühle zu befreien, ist die Bereitschaft, den Weg des Kreuzes jenseits emotioneller Färbung oder - besser - Verfärbung zu gehen. Jesus hat uns diesen Weg gewiesen: „Nimm dein Kreuz und folge mir nach."

Wer dem Rat des Herrn folgt, braucht sich nicht zu fürchten. Er wird am Gewinn feststellen können, dass nicht Satan am Werk ist. Und dass, sooft er auch fallen mag, er wieder aufstehen kann, weil eben der Herr ihm gegenwärtig ist.

Es gibt freilich noch andere Zeichen. Wenn der Geist Gottes am Werk ist, brauchen wir nicht Gründe zusammenzubasteln, um Demut und Reue zu empfinden. Gott selbst gibt sie uns in einer alle unsere Überlegungen und Empfindungen übersteigenden Art.

Gott lässt uns ja erfahren, dass das Gebet nicht aus uns stammt, und je größer die erhaltenen Gnaden sind, desto deutlicher erfahren wir es. Der Herr hat in uns hinein den Keim eines großen Wunsches gelegt: im Gebet fortzuschreiten und dieses nicht aufzugeben, mögen die Schwierigkeiten auch noch so groß werden. Und Er schenkt uns zugleich die Gewissheit, dass Er uns retten und befreien wird von knechtlicher Furcht.

So beginnt denn langsam die Seele eine selbstlose Liebe zu Gott zu erahnen; Sehnsucht auch nach Einsamkeit, durch die Gott geschritten kommt. Um es kurz zu sagen: Ich glaube, dass diese Gnaden der Anfang des Besitzes aller Güter sind.

6. Kapitel

Der Gipfel des Gebetes

6.1 Gebet der Ruhe

Die dritte Möglichkeit, einen Garten zu bewässern, besteht in der Zuleitung aus dem Bach. Sie fordert normalerweise nur noch wenig Mühe, bisweilen aber ist es anstrengend, das Wasser richtig zu leiten. Auf unser Thema bezogen, bedeutet der Vergleich: Der Herr selbst hilft dem Gärtner und Er hilft ihm so sehr, dass Er endlich selbst zum alles schaffenden Gärtner wird. Das Gebet vollzieht sich dann in einer Art Trance, die Kräfte der Seele wirken fast jenseits des Bewusstseins. Das Wonnegefühl aber ist weit größer noch als beim Gebet der Ruhe. Ich kann dies nicht anders ausdeuten. Die Seele jedenfalls weiß nicht, ob sie sprechen oder schweigen, lachen oder weinen soll. Eine himmlische Trunkenheit ist über sie gekommen.

Der Herr hat mir öfters ein solches Gebet geschenkt, zumal in den letzten fünf oder sechs Jahren, auch wenn ich es zunächst nicht ganz begriff. Ich erkannte, dass es sich dabei um keine totale Einheit zwischen den Fähigkeiten des Geistes und Gott handelte, spürte aber zugleich, dass dieser Zustand höher lag als der frühere, obwohl ich nicht sagen könnte, worin der Unterschied bestand.

Die Geisteskräfte beschäftigen sich ausschließlich mit Gott und es scheint, als ob sich niemand und nichts bewegt. In diesen Augenblicken überfallen uns gleichsam die Lobpreisungen Gottes und die Seele ist ganz außer sich. Die Blumen beginnen sich zu öffnen und ihren Duft zu verströmen. Die Seele möchte sich offenbaren, allen ihre Freude mitteilen, mit allen ihr Glück teilen. Dies erinnert mich an die Frau im Evangelium, die ihre Nachbarinnen rief, damit sich diese mit ihr freuen. Sie wollte am liebsten nur aus Zungen bestehen, um Gott zu preisen.

Wenn Gott die Seele zu solch hoher Stufe des Gebetes geführt hat, vermag sie dies und noch viel mehr zu tun. Sie weiß dabei ganz genau, dass dieses Gebet nicht Frucht der eigenen Mühe und der Übung des eigenen Verstandes ist, und sie staunt darüber, dass der Herr selbst der Gärtner ist und ihr nichts anderes mehr aufträgt, als den frühen Duft der Blumen zu genießen.

Die Tugenden treten nun viel stärker zu Tage als beim Gebet der Ruhe und man kann sie nicht übersehen. Der Herr will, dass die Blumen sich öffnen, will, dass die Seele des Besitzes dieser Tugenden gewahr wird. Zugleich aber erkennt sie, dass sie aus eigener Kraft diese nie erreichen könnte. In der Tat hat sie sich viele Jahre vergeblich darum bemüht und nun schenkt ihr der göttliche Gärtner alles in einem Augenblick. Jenes Wissen aber, dass sie, die Seele, nichts anderes tat, als Gottes Gnade willig zuzulassen, macht ihre Demut viel authentischer als früher.

Dieser Zustand ähnelt jenem im Gebet der Ruhe und ist dennoch von ihm verschieden. Ehedem wollte die Seele sich nicht einmal bewegen, um die Ruhe genießen zu können, so wie Maria. Jetzt aber ist sie imstande, auch die Aufgabe Marthas zu übernehmen, also kontemplativ und aktiv zugleich zu sein, sich in Werken der Nächstenliebe zu üben, jenen Geschäften und Aufgaben nachzugehen, die ihrem Stand angemessen sind.

Solche Menschen empfinden aber in aller Klarheit, dass sie nicht Herr ihrer selbst sind und dass ihr bester Teil anderswo ruht. Es ist so, als ob jemand mit einem spricht und zugleich einem anderen zuhören muss - weder das eine noch das andere wird ihm da ganz gelingen.

Dieses Gebet schenkt viel Freude und Zufriedenheit und man ist bereit, sich der Geschäfte zu entledigen und sich zurückzuziehen, damit die Seele alsbald wieder zur tiefen Ruhe findet.

6.2 Vereinigung mit Gott

Gott schenke mir die rechten Worte, um dies auch nur halbwegs erklären zu können. Die anderen Gebetsarten verlangen vom Gärtner Arbeit und persönlichen Einsatz, obgleich man von Stufe zu Stufe immer mehr Freude und immer weniger Mühe empfindet.

In dem Gebet, das ich nun deuten möchte, gibt es nur noch Freude und Wonne und diese nehmen alle Sinne so sehr in Anspruch, dass sie nicht frei bleiben, um sich äußerlich oder innerlich anderen Dingen zuzuwenden. Zuvor offenbarte die Seele ihre große Freude, nun aber, obwohl diese viel tiefer geworden ist, vermag sie jene nicht zu zeigen, wäre doch in diesem Stadium eine jegliche Mitteilung nur hinderlich für ihre Ruhe und peinlich. Solange sich nämlich alle ihre Kräfte in totaler Vereinigung befinden, ist die Seele, so glaube ich, gar nicht imstande, ab- oder auszuschweifen, und könnte sie dies, wäre die Vereinigung nur Blendwerk.

Was oder wie diese Vereinigung ist, kann ich nicht sagen, ich vermag lediglich anzudeuten, was die Seele dabei empfindet. Manchmal, wenn Gott mir eine solche Gnade geschenkt hatte, sprach ich zu Ihm: „Herr, achte genau darauf, was Du tust, vergiss nicht allzu schnell meine großen Sünden. Und wenn Du sie mir vergeben hast, übersehe sie doch nicht und halte Maß in Deinen Gaben. Schütte kein wertvolles Getränk in ein Glas, das schon so oft zerbrach, wie Du es bereits gesehen hast." Dies und noch mehr sagte ich, sagte es oft und kam erst viel später darauf, wie dumm und hochmütig diese meine Worte waren. Gott weiß ja, was richtig ist!

Nun möchte ich die Folgen des Gebetes der Vereinigung beschreiben, dazu noch, was man oder ob man überhaupt etwas beitragen kann, um diese Stufe zu erreichen.

Bisweilen überkommt einen eine Erhebung des Geistes oder die Vereinigung mit der göttlichen Liebe, die meinem Dafürhalten nach nichts anderes ist als die einfache Vereinigung.

Wer solches nicht erfahren hat, wird mich wohl des Irrtums zeihen, ich weiß aber, dass Gott in der Erhebung ganz anders handelt. Gerade darum bewirkt diese eine größere Loslösung vom Geschöpflichen.

Wenn auch Vereinigung und Erhebung gleich ausschauen, bin ich doch zur Überzeugung gekommen, dass letztere eine besondere Gnade darstellt. Auch ein kleines Feuer ist ein Feuer und dennoch gibt es da Unterschiede: Ist nämlich das Feuer klein, braucht es geraume Zeit, bis das Eisen glüht, ist es aber groß und stark, wird dieses bald in rote Glut versetzt, selbst wenn es sich um ein schwereres Stück handeln sollte. Genau diesen Unterschied sehe ich zwischen der einfachen Vereinigung und der Erhebung. Wer jemals Ekstasen erlebt hat, wird mich verstehen.

6.3 Das Regenwasser

Ich habe es selbst erfahren: Der Regen fällt vom Himmel und versorgt den Garten überreich mit Wasser. Ach, wenn der Herr nur immer das Wasser gäbe, wie ausgeruht wäre dann der Gärtner! Und wenn kein Winter mehr käme und das Wasser nie fehlte, würden Blumen und Früchte immer gedeihen. Doch so kann es nicht sein in unserem Leben. Darum sollen wir das eine Wasser suchen, wenn das andere fehlt.

Das Wasser aus dem Himmel kommt oft dann, wenn es der Gärtner am wenigsten erwartet. Fast stets sprudelt es am Ende einer langen Meditation hervor, in der man versucht, Stufe um Stufe hinaufzuklimmen, bis der Herr selbst den kleinen Vogel in Seine Hände nimmt und ihn ins Nest legt, damit er ruht. Der Herr will ihm ja die Mühe vergelten, denn Er hat sehr wohl gesehen, wie der kleine Vogel fliegen wollte, wie er versucht hat, mit dem Verstand, mit dem Willen und mit all seinen Kräften Ihn zu suchen und zufrieden zu stellen.

Während die Seele Gott nachspürt, wird sie von einer so tiefen und großen Freude überwältigt, dass sie nahezu in Ohnmacht fällt. Atem und physische Kräfte schwinden langsam; und man vermag die Hände nur mit großer Anstrengung zu bewegen. Die Augen schließen sich gegen den eigenen Willen, ja man könnte, selbst wenn man sie offen hielte, fast nichts sehen und in einem Buch die Buchstaben weder ganz entziffern noch aussprechen.

Man hört zwar, man versteht aber nicht, was man hört. So geschieht es, dass der Seele die Sinne nicht mehr nützen, im Gegenteil nur Hindernis sind.

Dieses Gebet, von dem ich spreche, schadet nicht, auch wenn es lange dauert; mir jedenfalls schadete es nie.

Ich fühlte mich sogar wohler, zumal dann, wenn ich vorher krank gewesen war.

Die ersten Male hielt, zumindest bei mir, die Vereinigung nur kurze Zeit an. Da sie aber so schnell vorbeigeht, erkennt man sie übrigens nicht so sehr an äußeren Merkmalen oder am Schweigen der Sinne als am Übermaß der Gnaden. Auch wenn die Erhebung aller Seelenkräfte lang andauernd scheint, ist sie im Grunde sehr kurz. Ein halbe Stunde wäre schon sehr lang, bei mir war es aber immer kürzer. Es ist natürlich in solchem Belang schwer, die Dauer festzustellen, denn in ihr befangen spürt man sie nicht. Doch meine ich, dass die Zeit der totalen Vereinigung sehr kurz ist, denn nur allzu bald kommen Erinnerung und Verstand wieder zu sich.

Allein der Wille verharrt und weil er von Gott ergriffen ist, vermag er langsam Erinnerung und Verstand, für kurze Zeit wenigstens, zurückzuführen; ein Vorgang, der sich öfters wiederholt. In dieser Bemühung aber kann man einige Stunden des Gebetes zubringen.

Was die Seele tiefinnerst dabei empfindet, möge jener erklären, der etwas dazu zu sagen vermag, denn wenn man dies schon nicht ganz begreifen kann, kann man es noch weniger erklären.

Bevor ich dies schrieb, stellte ich mir die Frage, was die Seele während dieser Zeit bloß macht. Und nach der Kommunion, im Gebet der Vereinigung, antwortete mir der Herr: „Meine Tochter, die Seele vergeht, um in mir zu sein, sie lebt nicht mehr sich selbst, auf dass ich lebe, und in ihrem Begreifen versteht sie."

Wer immer Erfahrung hat in solchen Dingen, wird einsehen, dass man nicht deutlicher auszudrücken vermag, was in sich dunkel ist. Es bleibt das Gefühl, bei Gott zu sein, es bleibt eine so große Gewissheit darob, dass man nicht mehr zweifeln kann.

Die Kräfte der Seele schalten sich in einem Maße aus, dass man ihr Wirken gar nicht mehr bemerkt. Wenn jemand in der Meditation etwa gerade eine Szene aus der Passion vor Augen hatte, verebbt diese so, als hätte er nie zuvor daran gedacht; gleiches gilt fürs Lesen, fürs Beten.

Es geschieht dem Erinnerungsvermögen hier so wie einem Nachtfalter, dem am Licht die Flügel verbrennen. Es klingt paradox: Der Verstand kann nichts von dem begreifen, was er versteht, und er versteht meiner Meinung nach nichts. Ich jedenfalls kann das Ganze nicht verstehen.

6.4 Was aus der Vereinigung mit Gott folgert

Nach jenem Gebet der Vereinigung sehnt sich die Seele danach, in Tränen der Freude - nicht der Pein - aufzugehen. Am Ende dieses Gebetes war ich oft so außer mir, dass ich nicht mehr wusste, ob ich träumte und ob die Freude, die ich verspürt hatte, Wirklichkeit gewesen war.

Die Seele verbleibt in einem derartigen Mut, einer derartigen Entschlossenheit, dass es ihr nichts ausmachen würde, in diesem Augenblick aus Liebe zu Gott zerstückelt zu werden.

In dieser Situation beginnt sie, Versprechen zu machen, sich heroisch zu entscheiden und die Welt zu verabscheuen, in der Erkenntnis, dass alles Eitelkeit ist.

Aus diesem Gebet schöpft die Seele weit größere Vorteile als aus den vielen Gebeten zuvor. Zugleich schreitet sie in der Demut voran, weil ihr bewusst wird, dass sie so große Gnaden ohne ihr Zutun und ohne eigenes Verdienst erhalten hat. Sie erkennt ihre Unwürdigkeit, weil ihr alles ganz klar wird. Es ist wie in einem Raum, den die Sonne so erhellt, dass keine Spinnwebe ungesehen bleiben kann.

Diese geistlichen Vorteile verharren einige Zeit in der Seele, und weil sie gewahr wird, dass die Früchte ihres Gartens nicht ihr Eigentum sind, kann sie diese austeilen; mit anderen Worten, sie wünscht nun, mit anderen zu teilen. So wird sie für die anderen von Nutzen, ohne es selbst eigentlich zu merken; die anderen merken es aber sehr wohl, denn der Duft der Blumen reicht hin zu ihnen. Und sie erkennen, dass jene Person Tugenden hat, und sie sehen schmackhafte Früchte, deren auch sie teilhaftig sein wollen.

Wenn die Erde nun, die Seele also, gut durchgeackert worden ist mit Versuchungen und Verleumdungen, mit Schwierigkeiten und Krankheiten - ich glaube, dass ohne diese wenige bis hierher kommen -, wenn sie weich und locker ist, d.h. frei vom eigenen Ich, dann durchtränkt sie das himmlische Wasser in einem Maß, dass sie fast nie mehr trocken wird. Nur wenn sie noch mit dem Irdischen behaftet ist und also viele Dornen zeitigt (so wie ich in meinen Anfängen), wenn sie nicht einmal die Gelegenheit zur Sünde meidet oder sich empfangenen großen Gnaden gegenüber undankbar zeigt, wird sie mit Sicherheit wieder verdorren. Kümmert sich der Gärtner nicht darum und lässt der Herr nicht den Regen fallen, wird der Garten veröden. Mehrmals ist mir solches geschehen und ich fürchte auch nur den Gedanken daran. Ich würde es nicht für möglich halten, wenn ich selbst es nicht erlebt hätte.

Ich schreibe all das, um schwachen Menschen gleich mir Mut zu machen, sie vor der Verzweiflung zu bewahren und sie in ihrem Vertrauen auf Gott zu stärken. Wer immer auch versagt, wer immer auch fällt, obgleich ihn Gott zu dieser hohen Stufe des Gebetes begnadet hat, soll darob nicht den Mut verlieren. Einer der vielen Gründe, warum ich mich zu diesem schriftlichen Bekenntnis entschlossen habe, war gerade dieser. Niemand, der je den Weg des Gebetes begonnen hat, darf mit der Begründung resignieren: Sollte ich wieder versagen, dann wäre es nicht gut, sich dem Gebet weiter zu widmen. Nein, ich glaube, dass man kein Übel zu besiegen vermag, wenn man das Gebet aufgibt, ich weiß vielmehr, dass nur dem, der trotzdem im Gebet verharrt, das Licht winkt.

Auch bei mir hakte der Teufel ein mit dem peinvollen Gedanken, es sei Mangel an Demut, mich dem Gebet zu widmen, da ich doch ein sündiger Mensch bin. Und ich enthielt mich des Gebetes ein und ein halbes Jahr, oder zumindest ein ganzes Jahr; ich kann mich nicht mehr ganz genau daran erinnern.

Wie blind war ich doch! Und wie listig der Satan, mich auf diese Art zu versuchen! Er weiß ja ganz genau, dass er über eine Seele, die sich in Beharrlichkeit und Treue dem Gebet widmet, letztlich keine Macht hat.

Alle, die sich dem Gebet widmen, sollen sich dies vor Augen halten: Damals, als ich das Gebet beiseite ließ, versandete mein Leben. Welch lächerliche Demut gab mir der Teufel dabei ein! Eine große Unruhe blieb in mir!

Wie solches geschehen konnte, weiß ich nicht. Da es schon mehr als zwanzig Jahre her ist, kann ich mich nur daran erinnern, dass ich zwar entschlossen war, zum Gebet zurückzukehren, doch zuvor wollte ich frei sein von Sünden. Welch ein Irrtum!

Ein Priester aus dem Orden des hl. Dominikus trieb mich aus dieser Illusion. Er verlangte von mir, ich sollte alle vierzehn Tage zur Kommunion gehen. Ich tat es und nur so kam ich langsam wieder zu mir. Gott sei Dank!

Und weil ich den Weg im Grunde nicht verloren hatte, vermochte ich weiterzugehen - unbeschadet aller Rückfälle - und immer wieder aufzustehen. Ja, wer nicht aufhört zu gehen, wird einmal ankommen, auch wenn sein Weg lange dauert. Das Gebet zu unterlassen heißt also nichts anderes, als den Weg zu verlieren.

Nach alledem sollte dies allen klar sein! Niemand, selbst wenn ihm der Herr große Gnaden geschenkt hat, darf sich auf sich selbst verlassen. Er könnte sonst fallen und wieder fallen. Jene Selbstüberschätzung hat mich einst zerstört und nicht zuletzt deshalb scheint es mir wichtig, einen Seelenführer zu haben, oder anders gesagt, Kontakt mit geistigen Menschen zu haben. Im Übrigen glaube ich daran, dass Gott nie aufhören wird, weitere Gnaden dem zu schenken, den Er bis zu dieser Stufe des Gebetes geleitet hat. Er wird nicht müde, uns zu beschenken, denn Sein Erbarmen ist ohne Ende. Werden auch wir nicht müde in unserer Bereitschaft, von Gott zu empfangen!

7. Kapitel

Ein neues Leben

7.1 Ein neuer Anfang

Mir kommt vor, als hätte ich mich viel zu lange bei der Erklärung von Gebeten aufgehalten. Wenn ich nun zu der Schilderung meines Lebens zurückfinde, so handelt es sich jetzt um ein neues Buch, um ein neues Leben.

Bevor ich nämlich anfing, über das Gebet zu schreiben, handelte es sich um mein Leben, nun aber ist etwas Neues geworden: Gott lebt in mir! Ansonsten wäre es mir unmöglich gewesen, aus dem Sumpf meiner Sünden und schlechten Gewohnheiten in so kurzer Zeit herauszugelangen. Gelobt sei der Herr, der mich befreit hat!

Kaum begann ich, die Gelegenheit zur Sünde zu meiden und mich mit dem Gebet zu beschäftigen, fing auch Gott an, mir große Gnaden zu schenken, so als hätte Er nur auf meine Bereitschaft gewartet, sie zu empfangen. Und Er gewährte mir das Gebet der Ruhe, hin und wieder sogar das der Vereinigung.

Damals redete man viel davon, dass und wie manche Frauen vom Teufel getäuscht wurden, und so bekam ich es mit der Angst zu tun. Einerseits fühlte ich mich ja sehr wohl beim Gebet und spürte darin Gottes Werk, andererseits aber grübelte ich immer wieder darüber nach, ob nicht alles bloß eine satanische Täuschung wäre. Dies belastete mich so sehr, dass ich bei der Meditation nicht mehr den Verstand einsetzen konnte.

Gott aber wollte mir helfen und Sein Licht schenken. Meine Angst wuchs derart, dass ich mich gezwungen sah, geistige Menschen aufzusuchen, mit denen ich alles besprechen konnte.

Es brauchte allerdings längere Zeit, ehe ich mich entschloss, eine in geistlichen Dingen erfahrene Persönlichkeit über mein Gebet zu befragen und sie zu bitten, mir aus meinen Irrtümern zu helfen, sollte ich mich in solchen befinden. Ich war ja bereit, alles in meiner Kraft Stehende zu tun, um Gott nicht zu beleidigen, wiewohl das Wissen um meine Schwäche mich dazu trieb, mich vorsichtig zu verhalten. Welch ein Irrtum! Ich brachte es einfach nicht fertig, mich vollends zu entschließen, wollte vielmehr darauf warten, bis mein Leben ganz in Ordnung wäre, so wie damals, als ich das Gebet aufgab. Ich war derart verbohrt in schlechten Gewohnheiten, dass es der hilfreichen Hände anderer bedurfte, um wieder aufzustehen. Als ich aber merkte, dass die Angst umso größer wurde, je intensiver das Gebet war, wurde mir klar, dass es sich dabei entweder um etwas sehr Gutes oder um etwas sehr Schlechtes, jedenfalls aber um etwas Übernatürliches handeln musste.

Die einzige Lösung sah ich in einem reinen Gewissen und in der Vermeidung böser Gelegenheiten - denn wenn der Geist Gottes am Werk war, musste mir alles zum Vorteil gereichen, und wirkte der Teufel, so konnte er mir nicht schaden, wenn ich ehrlich bereit war, Gott zu gefallen.

7.2 Die Hilfe eines frommen Mannes

Damals erfuhr ich von einem begabten, frommen Kleriker, der in meiner Nähe wohnte[8]. Ich trachtete danach, ihm zu begegnen, und bediente mich dazu der Hilfe eines befreundeten Edelmannes, der ein vorbildliches, ja heiligmäßiges Leben führte. Eines Tages kam es zu einer Zusammenkunft, bei der ich dem Priester von meinem Leben und Gebet erzählte. Er wollte zwar nicht mein Beichtvater sein mit der Begründung, er wäre überarbeitet, begann mich jedoch so zu führen, als wäre ich, der hohen Gebetsstufe entsprechend, eine starke Person.

Als ich ihn entschlossen sah, mit all den Kleinigkeiten in mir rasch aufzuräumen, wurde ich sehr traurig, weil es mir an Kraft und Mut dazu fehlte. Während er also meine Probleme als etwas betrachtete, das sofort gelöst sein müsste, merkte ich, dass viel mehr Vorsicht und Geduld dafür notwendig waren. Schließlich erkannte ich, dass seine Forderungen nicht der richtige Weg für mich waren. Hätte ich nur mit ihm gesprochen, wäre ich sicherlich nicht weitergekommen, da mich das Gefühl, seinen Ratschlägen nicht folgen zu können, so sehr belastete, dass ich letztlich den Mut verloren und alles stehen gelassen hätte.

Jener Edelmann nun, von dem ich eingangs geschrieben habe, versprach mir, mich hie und da zu besuchen. Welch ein Zeichen von Demut, zu einem Gespräch mit einem Menschen wie mir bereit zu sein! In der Tat besuchte er mich und machte mir Mut, indem er sagte, ich sollte doch nicht glauben, mich sozusagen in einem Tag von all den Nichtigkeiten befreien zu können, Gott würde dies vielmehr langsam bewirken. Er erzählte mir auch von seinen Schwächen, in der Meinung, mir damit helfen zu können. Was jedoch für ihn als verheirateten Mann kein Fehler war - für mich als Ordensfrau war es einer. Im Übrigen wies er mir mit viel Klugheit Wege, um dem Teufel zu widerstehen.

Ich gewann ihn so lieb, dass es für mich die größte Freude bedeutete, ihn zu sehen, was freilich selten genug der Fall war. Kam er einige Zeit hindurch nicht, war ich sehr traurig, weil ich dachte, er meide mich meiner Schlechtigkeiten wegen.

Er erfuhr von meinen Unvollkommenheiten und Sünden, aber auch von den Gnaden, die der Herr mir gewährte, und meinte, dass beides nicht zusammenpasste.

Er fürchtete sogar, dass bei manchen Dingen der Teufel am Werk sein könnte, und bat mich darum, ganz genau zu überlegen, was ich im Gebet erführe, um es ihm dann mitzuteilen. Doch gerade darin bestand die Schwierigkeit, dass ich damals nicht auszudrücken vermochte, was mein Gebet war; erst vor kurzem gab mir der Herr die Gnade, das Gebet zu verstehen und erklären zu können.

Da ich ohnedies Angst hatte, betrübte mich seine Antwort noch mehr und ich weinte sehr. Ich wollte doch ehrlichen Herzens Gott dienen und konnte mich einfach nicht damit abfinden, dass der Teufel am Werk wäre. Ich zog Bücher zu Rate, um darin eine Möglichkeit zu finden, das zu erklären, was ich im Gebet erlebte. In einem Buch, dem „Aufstieg zum Berg Sion“, entdeckte ich einen Abschnitt, der von der Vereinigung der Seele mit Gott handelte und der alle Merkmale dieses Zustandes, „an nichts denken zu können“, anführt.

Ich unterstrich diese Stellen und legte sie dem Edelmann und dem Kleriker mit der Bitte vor, sie zu lesen und mir dann zu sagen, was ich tun sollte. Wenn sie beide es für richtig hielten, wäre ich bereit, das Gebet aufzugeben. Dabei wusste ich schon aus Erfahrung, wie es bei mir ohne Gebet ausschaute.

Ich ersuchte nun mehrere Personen, für mich zu beten, und betete selbst sehr viel in jenen Tagen, bis die Antwort eintraf. Der Edelmann teilte mir mit, dass seiner und des Klerikers Meinung nach alles vom Teufel käme und dass es gut wäre, wenn ich mich mit einem Jesuitenpater beriete. Mit ihm sollte ich in aller Ehrlichkeit mein ganzes Leben besprechen, eine Generalbeichte ablegen und seine Anordnungen genau einhalten. Meine Situation wäre sehr heikel, wenn niemand mich führte[9].

Ich wurde darob sehr traurig und weinte den ganzen Tag. Einmal, als ich in der Kapelle ganz besorgt über meine Zukunft nachdachte, las ich die Worte des hl. Paulus: „Gott ist treu und wird nicht zulassen, dass der Teufel jene täuscht, die Ihn lieben." Dies tröstete mich. Nun begann ich meine Generalbeichte schriftlich abzufassen und ich fügte in sie alles ein, das Gute ebenso wie das Schlechte. Als ich mein Bekenntnis dann überlas, wurde ich sehr traurig, weil ich darin nur so wenig Positives fand. Auch machte mir der Gedanke daran zu schaffen, die Aussprache mit dem Jesuiten könnte im Kloster bekannt werden. Ich bat daher vorsichtshalber die Sakristanin und die Pförtnerin, darüber zu schweigen. Doch als ich dann zur Pforte gerufen wurde, war dort zufällig eine andere Schwester anwesend, die es im ganzen Haus erzählte.

Ich legte also dem Jesuiten mein ganzes Leben dar und er, als ein erfahrener, kenntnisreicher Mann, ermutigte mich sehr. Es wäre ganz eindeutig Gottes Werk und nicht das des Satans, ich müsste aber wieder zum Gebet zurückkehren, da ich weder ein gutes Fundament besäße noch mit der Abtötung begonnen hätte. Dem war wirklich so, denn nicht einmal das Wort vermochte ich zu verstehen.

Ich sollte das Gebet nie unterlassen, vielmehr mich stets darum bemühen, da Gott mir ja ohnehin so große Gnaden geschenkt hätte und es möglich wäre, dass Er durch mich anderen Menschen helfen möchte.

Dies und noch anderes sagte er mir, als würde er voraussehen, was später tatsächlich geschah. Er wandte bei mir Mittel an und wies mir Wege, die in der Tat eine andere aus mir machten. Wie gut ist es doch, wenn man einen Menschen versteht!

Er empfahl mir, täglich über eine Szene aus der Leidensgeschichte zu meditieren und dabei nur an die menschliche Person Christi zu denken. Geistlichen Wonnegefühlen aber sollte ich möglichst lange widerstehen und diese erst zulassen, wenn er es mir erlaubte. Er ließ mich getröstet und mutig zurück. Der Herr half mir und half ihm, mich zu verstehen und zu führen. Ich fasste den Entschluss, von seinen Anordnungen nicht abzuweichen, und ich tat es bis heute nicht. Lob und Dank sei Gott, der mir die Gnade geschenkt hat, meinen Beichtvätern immer, wenn auch oft nicht vollkommen, zu gehorchen.

7.3 Spürbare Änderung

Nach dieser Beichte war meine Seele derart willig, dass ich meinte, zu allem bereit zu sein. Ich begann mich daher in vielen Dingen zu ändern. Mein Beichtvater übte dabei nicht nur keinen Zwang aus, sondern beachtete nicht einmal meine Bemühungen. Und gerade dies brachte mich noch mehr in Schwung, dass er mich nämlich auf den Weg der Liebe Gottes in Freiheit und ohne Druck auszuüben führte.

Fast zwei Monate hindurch versuchte ich, den Gnaden des Herrn zu widerstehen. Äußerlich merkte man bereits einen Wandel, da der Herr mir den Mut gab, manches zu bewältigen, was meinen Bekannten übertrieben vorkam. Selbst im Kloster wurde man dessen gewahr.

Auch aus dem Widerstand den Gnaden Gottes gegenüber habe ich etwas gelernt, glaubte ich doch zuvor, man müsse, um Gnaden im Gebet zu erhalten, in voller Zurückgezogenheit leben. Ja, damals wagte ich mich fast nicht zu bewegen, später freilich sah ich ein, dass es darauf nicht ankommt.

Ich begann erneut, die Menschheit Christi zu lieben. Mein Gebet wurde beständiger, so als wäre es jetzt auf solidem Fundament errichtet, und langsam neigte ich mich mehr und mehr der Abtötung zu, die ich so lange meiner Krankheiten wegen hintangesetzt hatte. Mein Beichtvater sagte mir, dass mir so manche Abtötung auch körperlich nicht schaden würde und dass mir der Herr so viele Krankheiten vielleicht deshalb geschickt hätte, weil ich Bußübungen verabsäumte. Er befahl mir, einige Bußübungen zu machen, die mir zwar nicht lagen, die ich aber in der Meinung verrichtete, dass Gott sie wünschte. Bald merkte ich jede Sünde wider Gott, auch die kleinste, und ich bat den Herrn, Er möge mich an Seiner Hand führen.

In dieser Zeit kam Pater Franz nach Avila, der ehemalige Herzog von Gandia, der einige Jahre zuvor alles aufgegeben hatte und in die Gesellschaft Jesu eingetreten war.

Sowohl mein Beichtvater als auch der bereits mehrfach erwähnte Edelmann forderten mich auf, zu ihm zu gehen und ihm Rechenschaft über mein Gebet abzulegen, hatten sie doch beide die Überzeugung, dass er von Gott besonders begnadet war. Nachdem er mich angehört hatte, sagte mir der Pater, dass mein Gebet Gottes Werk wäre und ich mich nicht dagegen wehren dürfe. Ich sollte dieses stets mit der Betrachtung einer Szene aus der Passion beginnen und sollte, wenn der Herr dann meinen Geist führte, keinen Widerstand leisten, sondern den Herrn wirken lassen. So gab er mir aus der Fülle seiner Erfahrung gute Ratschläge und wirksame Medizin. Er meinte auch, es wäre ein Irrtum, dem länger zu widerstehen. Ich war darob getrost und mein Freund, der Edelmann, auch.

Als mein Beichtvater eines Tages in eine andere Stadt versetzt wurde, traf mich dies sehr, fürchtete ich doch, keinen Ersatz für ihn zu finden und wieder zurückzufallen. Meine Seele war wie eine Wüste und ich wusste nicht, wohin.

Eine mir befreundete Witwe[10] empfahl mir schließlich ihren Beichtvater und gerade dieser Pater führte mich zu größerer Vollkommenheit. Um Gott ganz zu gefallen, so sagte er mir, dürfe ich nichts unterlassen. Er führte mich aber dabei mit viel Klugheit und dies war gut so, denn ich war noch nicht stark genug, vor allem um manche Freundschaften stehen zu lassen. Diese schienen mir doch nicht sündhaft und ich meinte, es wäre krasse Undankbarkeit, sie aufzugeben. Mein neuer Beichtvater riet mir, alles Gott anheimzustellen und während einiger Tage den Hymnus Veni Creator zu beten, auf dass der Herr mich erleuchte.

Eines Tages, als ich diesen Hymnus betete, überkam mich plötzlich eine Entzückung. Es war das erste Mal, dass der Herr mir diese Gnade schenkte, dabei vernahm ich die Worte: „Ich will nicht mehr, dass du mit Menschen sprichst, sondern mit Engeln." Seit damals war ich felsenfest entschlossen, alles für Gott stehen zu lassen.

7.4 Wenn Gott spricht ...

An dieser Stelle mag die Erklärung vorteilhaft sein, wie es denn ist, wenn Gott zu der Seele spricht und was diese dabei empfindet, wie es die meine so oft bis heute erfahren hat! Es handelt sich dabei um deutliche, gut artikulierte Worte. Wir hören sie zwar nicht mit den Ohren, verstehen sie aber viel besser als mit diesen und es ist unmöglich, sich ihnen zu verschließen. Freilich kann es hier auch Täuschungen geben. Es gibt aber einen Unterschied zwischen den Worten, die aus dem Geist Gottes, und jenen, die vom Teufel kommen. Es mag auch geschehen, dass unser Verstand sich etwas einbildet und mit sich selbst spricht.

Die Worte, die unser Verstand sich zusammenbastelt, gleichen Träumen und sind nicht so klar wie die Worte Gottes. Vor allem aber: jene bewirken nichts, diese aber sind Worte und Taten.

Auch wenn es Worte der Zurechtweisung sind, machen sie die Seele bereit, schenken ihr Licht, Trost und Ruhe. Wenn Gott spricht, ist eine jegliche Silbe unüberhörbar. Und selbst wenn in einem solchen Augenblick Verstand oder Seele so unruhig und zerstreut sind, dass sie nicht einmal einen Gedanken fassen können, erfährt die Seele hier weit Größeres, als sie selbst im Zustand der Sammlung hätte erreichen können. Und wie ich eben sagte, sie ist bereits durch das erste Wort verwandelt.

Man soll aber wissen, dass weder die Visionen noch jene Worte während der Entzückung geschehen, denn in diesem Zustand fallen gleichsam die Seelenkräfte aus und man vermag, so glaube ich, weder zu sehen noch zu hören. Während dieser kurzen Spanne hat sich die Seele nicht in der Hand, nimmt sie der Herr ganz in Anspruch.

Nochmals sei betont: Ein erfahrener, vorsichtiger Mensch wird es an den Folgen erkennen. Sind nämlich die Worte Werk unseres Verstandes, hören wir auf sie genauso wenig wie auf einen Irren; stammen sie aber aus Gott, dann ist es, als vernehmen wir einen heiligen oder einen gebildeten Menschen, von dem wir wissen, dass er uns nicht anlügt. Doch dieser Vergleich ist bisweilen zu schwach.

7.5 Wenn der Teufel am Werk ist

Wenn dies alles aber ein Werk des Teufels ist, hinterlässt es keine guten, sondern schlechte Wirkungen. Zwei- oder dreimal ist mir solches geschehen und später dann machte mich der Herr darauf aufmerksam, dass es der Teufel gewesen war.

Die Gefühle der Wonne und Beseligung, die der Teufel gibt, sind ganz andere als diejenigen, die Gott schenkt. Jener könnte damit allerdings Leute täuschen, die noch keine echte Beseligung von Gott, d.h. nicht die tiefe und beglückende Freude erlebt haben, die bleibt, während andere Andachtsgefühle schon beim ersten Gegenwind wieder schwinden.

Ich bin aber überzeugt, dass der Teufel keinen Menschen zu täuschen vermag, der sich nicht auf sich selbst verlässt und im Glauben so gefestigt ist, dass er bereit wäre, für einen Glaubenssatz tausendmal zu sterben.

Wenn aber der Teufel wirkt, ist es so, als ob alles Gute aus der Seele laufen und sich verstecken würde. Diese bleibt unruhig und apathisch. Ihre Wünsche sind wirkungslos, ihre Demut ist falsch, sie ist weder friedlich noch gelassen. Zweifelsohne, der Teufel kann uns viele Fallen stellen, wir sollen darum immer vorsichtig sein und einen kenntnisreichen Seelenführer haben, dem wir alles mitteilen.

So könnte uns eigentlich gar nichts passieren, obwohl mir öfters etwas geschah; doch glaube ich, der Grund hiefür war die übertriebene Angst vor einigen Mitmenschen.

An eine solche Situation kann ich mich ganz deutlich erinnern. Es kamen damals einige zusammen, um für mich eine Lösung zu finden. Es waren fünf oder sechs

Personen, und sie meinten, dass alles ein Werk des Teufels wäre.

In der Tat habe ich mehr Angst vor Menschen, die den Teufel fürchten, als vor Satan selbst, da dieser ja nichts machen kann, jene aber, vor allem wenn sie Beichtväter sind, viel Unruhe schaffen.

Ich habe jahrelang darunter so sehr gelitten, dass ich mir heute nicht erklären kann, wie ich es zu ertragen vermochte. Ich halte für eine der größten Gnaden, die der Herr mir gewährte, den Mut wider den Teufel. Es ist alles andere als günstig, wenn die Seele kleinmütig und ängstlich ist. Niemand braucht etwas zu fürchten, wenn er vor Gott mit reinem Gewissen und in Wahrheit lebt.

Das sicherste Mittel aber ist, alles mit dem Beichtvater zu besprechen. Ansonsten fände wenigstens ich keine Ruhe. Dies wird uns sicherlich nicht schaden, sondern vielmehr helfen. Mehrmals hat mir der Herr aufgetragen, dass ich mein Leben und alle Gnaden, die Er mir schenkte, vor dem Beichtvater darlegen müsse. Dieser soll gebildet sein, ich aber habe ihm zu gehorchen. Dies hat der Herr mir wiederholt gesagt.

8. Kapitel

Mystische Gnaden

8.1 Vom Herrn begnadet

Zurück zu meiner Lebensbeschreibung! Als ich sehr betrübt war, beteten viele zum Herrn, Er möchte mir einen anderen, sichereren Weg weisen, da doch alle meinten, der gegenwärtige wäre verdächtig. Ich selbst bat zwar auch darum, doch vermochte ich in Anbetracht der Besserung, die ich an mir feststellte, mir beim besten Willen keinen anderen wünschen, jene wenigen Male ausgenommen, als ich ganz entmutigt war wegen der Worte, die man mir sagte, oder ob der Angst, die man mir einjagte.

Ich konnte einfach nicht anders und überantwortete mich daher ganz den Händen Gottes, damit Er, der ja wusste, was für mich das Beste war, in mir Seinen Willen erfüllte. Ich erkannte, dass dieser Weg mich zum Himmel führte, während ich früher unterwegs zur Hölle war. Ich konnte mich weder dazu zwingen, einen anderen Weg zu wünschen, noch glauben, dass mein Weg des Teufels wäre.

Nachdem ich und andere Personen zwei Jahre lang also um den besten Weg für mich gebetet hatten, geschah Folgendes: Während des Gebetes am Fest des hl. Petrus sah ich oder vielleicht ist es genauer: fühlte ich Christus bei mir: Nein, ich sah Ihn nicht mit den Augen des Körpers. Und dennoch: Es schien mir, dass Er an meiner Seite war und zu mir sprach.

Da ich nicht wusste, dass solche Visionen überhaupt möglich waren, erschrak ich anfänglich sehr und weinte viel. Dann aber, als Er mir ein Wort sagte, wurde ich ruhig und glücklich und hatte keine Angst mehr. Es kam mir vor, als ob Jesus immer an meiner rechten Seite ginge und Zeuge all meiner Taten wäre, obwohl ich nicht wusste wie. Es handelte sich dabei aber nicht um eine imaginäre Vision[11].

Als ich meinem Beichtvater dies erzählt hatte, fragte er mich, in welcher Form ich Jesus gesehen hätte. Ich antwortete, gar nicht! Wie wusste ich dann, dass es Christus gewesen wäre, meinte er. Ich sagte ihm daraufhin, dass ich zwar nicht das „Wie" wusste, wohl aber sah ich ganz klar, dass Er bei mir war. Darüber hinaus war meine Sammlung beim Gebet der Ruhe viel größer und die Folgen daraus seien ganz andere gewesen als früher.

Der Beichtvater fragte dann: Wer sagte, dass es Christus war? Er selbst, und zwar des öfteren, antwortete ich, aber zu dieser Überzeugung und Gewissheit war ich schon früher gekommen.

Angenommen, ich bin blind, und es kommt jemand, den ich persönlich nicht kenne und spricht mit mir. Ich kann zwar glauben, dass diese Person die ist, als die sie sich mir vorstellt, aber ich könnte nicht so sicher behaupten, dass sie es ist, als wenn ich sie selbst gesehen hätte. Bei jener Vision vermochte ich jedoch ganz sicher zu sein, da sie sich meinem Verstand in einem Maß einprägte, dass kein Raum für einen Zweifel mehr war.

Gott kann die Seele auch ohne Worte belehren. Es handelt sich da um eine himmlische Sprache, die man kaum erklären kann, wenn der Herr sie einen nicht erfahren lässt. In das Innerste der Seele legt Er, was Er der Seele zu verstehen geben will, und zwar weder mit Bildern noch mit Worten, sondern eben mittels jener von mir geschilderten Vision. Beachten wir doch diese Art Gottes, sich der Seele mitzuteilen! Der Teufel kann dabei meiner Meinung nach aus den im Folgenden geschilderten Gründen kaum mitmischen; sollten diese Gründe aber nicht stimmen, dann dürfte ich mich irren.

Diese Vision und „Sprache“ ist derart geistig, dass sie ohne Lärm, ohne Bewegung der Seelenkräfte und der Sinne geschieht, und somit kann Satan nichts erreichen.

Es geschieht nicht immer so. Manchmal freilich sind die Seelenkräfte und die Sinne nicht außer sich, ja, solches ist während der Kontemplation eher selten der Fall. Wir können dazu nichts tun, es ist eben alles Werk des Herrn.

Anscheinend versucht Er mit allen Mitteln, der Seele eine Ahnung davon zu geben, was im Himmel geschieht. Und ich glaube, dass dies hier auf eine Weise geschieht, die wie im Himmel der Verständigung durch Laute nicht bedarf - ich wusste davon allerdings erst in dem Augenblick, als der Herr es mir bei einer Entzückung offenbarte. Gott und die Seele verstehen sich, weil Er es will, und dies allein genügt, um sich die gegenseitige Liebe zu zeigen. Es ist wie bei zwei Menschen, die sich gern haben: Sie verstehen sich auch ohne Zeichen.

Ihr Menschen, die ihr den Weg des Gebetes eingeschlagen habt, und ihr alle, die ihr den wahren Glauben besitzt: Nach welchen Gütern könnt ihr denn hier auf Erden noch trachten, die man auch nur mit den kleinsten von jenen vergleichen könnte, die uns am Ende geschenkt werden.

Überzeugt euch von der Wahrheit, dass nämlich Gott sich jenen hingibt, die alles aus Liebe zu Ihm aufgeben. Er macht keinen Unterschied zwischen den Personen, Er liebt vielmehr alle. Niemand kann sich ausreden, möge er auch noch so schlecht sein, denn Er hat an mir gehandelt und mich zu so hohem Stand geführt. Und glaubt mir doch: Alles, was ich sage, ist nichts im Vergleich zu dem, was man sagen könnte.

8.2 Als ich Christus sah

Einige Tage hindurch erlebte ich immer wieder die erwähnte Vision und so trachtete ich danach, immer im Gebet zu sein und in allem Ihm nicht zu missfallen, der da Zeuge meiner Handlungen war.

Einmal geschah es, dass mir mitten im Gebet der Herr nur Seine Hände zeigen wollte: Sie waren so schön! Einige Tage darauf dann erblickte ich Sein göttliches Antlitz und war darob ganz außer mir. Ich konnte freilich nicht verstehen, warum sich mir der Herr gleichsam nur schrittweise zeigte - denn erst zum Schluss sah ich Ihn ganz. Später dann begriff ich, dass Er dabei meine natürliche Schwäche berücksichtigte, denn so viel Glorie auf einmal hätte ich sündiger Mensch nicht ertragen können.

Am Fest des hl. Paulus nahm ich während der Messe Christus in Seiner erhabenen Menschlichkeit wahr, so wie man Ihn als Auferstandenen gerne malt, voll der Schönheit und Majestät.

Es handelte sich um eine imaginäre Vision, die ich aber nicht mit den Augen des Körpers, vielmehr wie immer mit den Augen der Seele erfasste. Weisere Menschen, als ich einer bin, sind der Ansicht, dass meiner früheren Vision ein höherer Rang zukommt als dieser, sie aber jene übertrifft, die mit leiblichen Augen geschieht. Solche Visionen stünden auf der niedrigsten Stufe und hier könnte uns der Teufel am leichtesten täuschen.

Damals verstand ich dies nicht und wünschte darum, den Herrn mit den Augen des Körpers zu sehen, schon damit der Beichtvater mich nicht der Einbildung zu beschuldigen vermochte.

Ich möchte nun meine Erfahrung schildern. Manchmal glaubte ich, ein Bild, manchmal Christus selbst gesehen zu haben. Einige Male war die Vision so verschwommen, dass sie mir als Bild erschien, allerdings nicht irdischen, noch so gelungenen Zeichnungen vergleichbar. Der Unterschied ist, meinem Darfürhalten nach, genauso groß wie der zwischen einer Person und ihrem Bild, letzteres ist ja doch, man sieht es, etwas Totes. Es ist auch der gleiche Unterschied, der zwischen einem Lebendigen und einem Abgebildeten klafft. Sollte es ein Bild sein, das ich sehe, dann ist es ein lebendiges Bild, d.h. ich sehe nicht einen toten Menschen, sondern Christus, als Mensch und Gott, Ihn, nicht wie Er im Grab lag, sondern in Seiner Auferstehung.

Eine solche Vision ist gut, denn aus ihren Früchten kann man folgern, dass der Teufel hier keine Macht hat. Sicherlich hat er mich drei- oder viermal zu täuschen versucht, indem er mir den Herrn falsch zu zeigen bestrebt war. Es ist jedoch der Abgrund zwischen echten und falschen Visionen so groß und so tief, dass selbst wer nur das Gebet der Ruhe kennt, diesen an den angedeuteten Folgen bei den inneren Ansprachen erfassen muss. Der Teufel kann eben keinen Menschen, der sich demütig und einfach verhält, täuschen, es sei denn, dieser lässt sich selbst täuschen. Wer nur ein wenig in diesen Dingen erfahren ist, dem vermag meiner Meinung nach der Teufel nicht zu schaden.

Zweieinhalb Jahre hindurch hat mir der Herr diese Seine Gnade geschenkt, seit drei Monaten jedoch sie mir gegen eine noch viel höhere eingetauscht, über die ich erst später etwas sagen möchte. Fast immer zeigte Er sich mir als Auferstandener, bisweilen allerdings auch, um mich in meinen Drangsalen zu ermutigen, mit Seinen Wundmalen, mit der Dornenkrone oder als Er das Kreuz trug.

Oh, welche Beleidigungen, Verfolgungen und Ängste habe ich in Kauf nehmen müssen, weil ich die von mir empfangenen Visionen weitersagte! Manche Leute hielten mich in einem Maß vom Teufel besessen, dass sie sogar einen Exorzismus an mir vornehmen wollten. Ich machte mir daraus zwar nicht zu viel, aber es belastete mich sehr, dass meine Beichtväter sich scheuten, mir die Beichte abzunehmen, oder auch dass sie sich meinetwegen manches anhören mussten.

Trotz alledem vermochte ich einfach nicht zu bereuen, himmlische Visionen dieser Art erlebt zu haben, ja nicht einmal die geringste unter ihnen hätte ich für alle Güter und Freuden der Welt eingetauscht. Sie waren für mich ein besonderes Geschenk des Herrn und damit kostbarster Schatz.

Ich erkannte, dass meine Liebe zu Ihm sehr zunahm, und aus diesem Gebet der Liebe heraus ging ich immer wieder getröstet und mit neuen Kräften hervor. Dennoch wagte ich nicht, jenen Personen zu widersprechen, wäre es doch schlecht gewesen, hätte ich ihnen widersprochen und mich dem Vorwurf des Hochmutes ausgesetzt. Ich sprach nur mit meinem Beichtvater und er tröstete mich sehr, wenn er mich traurig sah.

8.3 In Liebe entflammt

Da die Visionen aber zunahmen, sagte einer der Beichtväter - der mir früher geholfen und bei dem ich gebeichtet hatte, wenn der meine verhindert gewesen war -, dass sicher alles Teufelswerk wäre. Er befahl mir daher, mich bei jeder Vision zu bekreuzigen und ihn, den Satan, zu verhöhnen. Diese Situation war für mich sehr peinlich, denn ich konnte nichts anderes glauben, als dass Gott hinter allem stünde. Wie gesagt, ich konnte nicht einmal wünschen, dass diese Visionen aufhören möchten. Ich versuchte lediglich zu tun, was sie mir befahlen. Es war furchtbar für mich, dort zu höhnen, wo mir die Vision des Herrn glaubhaft schien.

Kurze Zeit danach begann der Herr deutlich zu zeigen, dass Er am Werk war. In mir wuchs die Liebe zu Ihm in einem Ausmaß, dass ich nicht wusste, woher sie kam, denn sie war übernatürlich und nicht mein Verdienst. Ich starb in der Sehnsucht, Gott zu sehen, und meinte, das Leben nur im Tod finden zu können. Mich überwältigten derartige Stürme dieser Liebe, dass ich mir nicht zu helfen wusste; es schien, als ob die Seele aus mir ausrisse. Wer solche Stürme nicht erlebt hat, kann es nicht verstehen. Hier handelt es sich jedenfalls nicht um bloße Emotionen oder Andachtsgefühle, die öfters vorkommen und unseren Geist fast ersticken.

Dies wäre ja doch eine sehr niedrige Stufe des Gebetes, darum soll man übertriebene Gefühle vermeiden. Es ist wie bei kleinen Kindern, die so hastig weinen, dass sie dabei fast ersticken; kaum geben wir ihnen aber zu trinken, vergeht dieser Ausbruch. Die Vernunft soll hier also eingreifen und die Führung übernehmen.

Am Anfang ist Klugheit sehr wichtig, damit alles in Ordnung vor sich geht und der Geist im Innern wirkt; Äußerlichkeiten sollten gemieden werden.

Die Stürme der Liebe sind ganz andere. Die Seele braucht sich nicht anzustrengen, dass die Wunde, welche die Abwesenheit Gottes hinterlässt, sie schmerzt; denn bisweilen ragt ein Pfeil in die Tiefe des Herzens, sodass die Seele nicht weiß, was los ist und was sie will.

Man kann nicht genug betonen, wie Gott die Seele verwundet und wie großes Leid dies verursacht. Es ist aber ein köstliches Leid und es gibt im Leben kein Vergnügen, das mehr Freude bereitet. Die Seele möchte am liebsten an dieser Krankheit langsam vergehen.

Diese Freude und dieses Leid zusammen brachten mich ganz durcheinander, da ich nicht verstand, wie dies möglich war. Wie oft erinnerte ich mich in solchen Augenblicken an den Vers König Davids: „Wie der Hirsch lechzt nach frischem Wasser ...“ Ihn sehe ich an mir erfüllt. Der Herr ließ zu, dass ich einige Male folgende Vision hatte: Ich sah einen Engel in körperlicher Gestalt zu meiner Linken. Es war etwas Außergewöhnliches, denn sonst, wenn ich Engel sah, geschah dies immer in der Art meiner früheren Visionen.

Diesmal aber sah ich den Engel so: Er war nicht groß, sondern klein, doch sehr schön. Sein Antlitz war so strahlend, dass ich meinte, er gehörte den höheren Engelchören, den Cherubinen an, die anscheinend alle glühen. Er hatte einen langen goldenen Pfeil, an dessen Spitze ein Feuer loderte und mit dem er mir öfters das Herz bis zu den Eingeweiden durchbohrte.

Es schmerzte aber nicht körperlich, sondern geistig, obwohl auch der Körper daran teilnahm. Es war eine derart feine Liebkosung der Seele durch Gott, dass ich Ihn bitte, sie den kosten zu lassen, der da meint, ich lüge.

9. Kapitel

Läuterung und Prüfung

9.1 Die Nacht des Geistes

Da ich diese Stürme der Liebe nicht zu verhindern vermochte, hatte ich Angst vor ihnen. Ich bemühte mich zwar weiterhin darum, ihnen zu widerstehen, doch gelang mir dies oft in einem so geringen Maße, dass ich dabei müde wurde. Meinen Beichtvater ausgenommen, traute ich mich auch nicht, zu jemandem davon zu sprechen.

Der Herr wollte mir helfen, indem Er Petrus von Alcántara[12] hierher führte. Als nämlich meine Freundin, jene Witwe, über die ich bereits berichtet habe, von der Anwesenheit jenes großen Mannes erfuhr, erwirkte sie vom Provinzial die Erlaubnis, acht Tage in ihrem Haus zu verbringen. Dort könnte ich, so meinte sie, mit ihm alles besser besprechen. So geschah es auch. In aller Klarheit und Offenheit legte ich ihm mein Leben und meine Art zu beten dar.

Von Anfang an empfand ich, dass der erfahrene Mann mich verstand und mit mir Mitleid hatte. Er gab mir Licht und erklärte mir alles. Er meinte, ich sollte nicht traurig sein, sondern Gott loben, in der Gewissheit, dass alles Sein Werk wäre.

Einmal sagte er, dass eine der größten irdischen Prüfungen in dem bestünde, was ich bereits durchgemacht hätte - im Widerspruch der Guten. Wir machten aus, dass ich ihm fortan alle Geschehnisse berichten würde und dass wir füreinander beten; so demütig war er, dass er von meinem Gebet etwas hielt. Ich sollte ganz sicher sein, dass Gott am Werk wäre und, peinigten mich wieder einmal Zweifel, diese mit dem Beichtvater zu meiner größten Beruhigung besprechen. So tröstete er mich und machte mich froh.

Dennoch, volle Gewissheit vermochte ich auch weiterhin nicht zu erlangen, da der Herr mich eben auf diesen Weg führte - den Weg der Furcht, es wäre tatsächlich das Walten des Satans, wenn alle es dafür hielten.

Bisweilen paarten sich derart (jetzt geschieht dies seltener) meine geistigen Probleme mit körperlichen Schmerzen, dass ich mir nicht zu helfen wusste. Hatte ich diese allein, ertrug ich sie mit Freude, beide zusammen aber machten mir sehr zu schaffen. Ich vergaß dann alle Gnaden, die der Herr mir geschenkt hatte, und es schien mir, als wäre alles nur ein Traum, alles nur Missverständnis und Einbildung von mir gewesen. Es schien mir genug, selbst einer Täuschung unterlegen zu sein, und ich wollte darum nicht auch noch andere täuschen. Ich kam mir so schlecht vor, dass ich glaubte, meine Sünden wären die Ursachen aller Übel und Irrtümer gewesen. Dies aber war eine falsche Demut, die sich der Teufel einfallen ließ, um mich in Unruhe zu versetzen und möglichst in Verzweiflung zu bringen. Jene falsche Demut erkennt man ganz klar daran, dass sie ein seelisches Durcheinander schafft, alles verdunkelt, traurig und trocken macht, und dass die Seele weder für das Gebet noch überhaupt für etwas Gutes bereit und ansprechbar ist.

Die wahre Demut bringt Ruhe, Milde und Licht, während die falsche eine der hinterlistigsten Erfindungen des Teufels ist, die ich je erfahren habe. Das möchte ich deshalb so sehr betonen, weil ich erst viel später -

nachdem ich bereits aus dieser Situation herausgekommen war - überhaupt merkte, in welchem Maß ich getäuscht worden war. Gott ließ es zu, so wie einst bei Hiob, um ihn zu versuchen, nur bei mir nicht, wohl meiner Schwäche wegen, mit derselben Härte.

Solche Versuchungen erlebte ich des öfteren. Einmal, am Vortag des Fronleichnamsfestes, war plötzlich mein Verstand wie gelähmt, war gänzlich okkupiert von den lächerlichsten Dingen, sodass ich an nichts denken konnte. In einer anderen Situation hätte ich mich einfach darüber lustig gemacht, doch damals war meine Seele weder frei noch fähig, sich zu beherrschen. Mitunter kam es mir vor, als ob der Teufel mit meiner Seele Ball spielte, sie hin und her warf, und ich vermochte mich nicht davon zu befreien.

Es ist nicht leicht zu schildern, was man darunter leidet. Der Glaube und auch die anderen Tugenden erscheinen jedenfalls wie eingeschlafen. Die Liebe zu Gott ist so lau - man glaubt zwar weiterhin an sie, weil die Kirche es so lehrt -, dass man die selbst gemachten Erfahrungen völlig vergisst.

Weder das Gebet noch die Einsamkeit bieten da Zuflucht. Das Lesen oder gar das Gespräch mit einem anderen erleichtern nicht, erschweren vielmehr das Ganze.

Ich glaube aber, dass die Seele aus diesen Prüfungen hervorgeht, wie das Gold aus dem Schmelzofen.

9.2 Höhen und Tiefen

Ich möchte nun von jenen Versuchungen des Teufels erzählen, die gleichsam öffentlich geschahen und in aller Deutlichkeit von ihm stammten.

Einst befand ich mich gerade in der Kapelle, als er mir zu meiner Linken erschien. Er war hässlich, sein Mund furchtbar. Er gab mir zu verstehen, dass ich mich zwar für den Augenblick aus seinen Fängen befreit hätte, er mich aber sicher wieder fassen würde. Ich war darob entsetzt und bekreuzigte mich. Da verschwand er, kam jedoch bald wieder. Zweimal wiederholte sich dies. Erst als ich Weihwasser versprengte, gab er es endgültig auf. Tatsächlich, ich habe wiederholt die Erfahrung gemacht, dass Weihwasser das beste Mittel ist, um den Teufel zu vertreiben.

Es belastete mich früher sehr, dass einige, vor allem angesehene Personen, viel von mir hielten und gut von mir sprachen. Ich leide auch jetzt noch darunter. Denn wenn ich an das Leben Christi und der Heiligen denke, die so viel Verachtung und Beleidigungen erlitten haben, glaube ich, dass ich in die falsche Richtung gehe. Ich werde dann so unsicher, dass ich mich nicht traue, den Kopf zu heben, und am liebsten in den Erdboden versinken möchte. Dieser Zustand dauert längere Zeit. Ich hielt ihn einst für eine Manifestation von Tugend und Demut, heute aber erkenne ich ganz klar eine Versuchung in ihm.

Wenn ich mir vorstellte, dass die Gnaden, die der Herr mir schenkte, bekannt werden könnten, quälte mich dies so sehr, dass ich darob ganz verwirrt werde. Am liebsten hätte ich mich lebendig begraben lassen. Wirklich, als jene Entzückungen begannen, die ich vor den Leuten nicht verheimlichen konnte, schämte ich mich so sehr, dass ich mich nirgends mehr blicken lassen wollte.

Eines Tages, als ich deswegen sehr entmutigt war, fragte mich der Herr, was ich denn eigentlich befürchtete. Es könnte doch nur geschehen, dass entweder die Leute mich kritisierten oder Ihn lobten. Damit gab Er mir zu verstehen, dass jene, die an meine Verzückungen glauben, Ihn loben und die anderen mich schuldlos verurteilen würden. Ich sollte darüber nicht traurig sein, denn beides wäre für mich von Nutzen. Diese Worte haben mich sehr beruhigt und getröstet.

Die Versuchung brachte mich so weit, dass ich in ein von dieser Stadt weit entferntes Kloster unseres Ordens ziehen wollte. Es war mein Wunsch, dort zu sein, wo niemand mich kannte. Mein Beichtvater aber erlaubte es mir nicht.

Ich fiel auch noch in ein anderes Extrem, als ich nämlich Gott anflehte, Er möge doch meine Sünden jedem zu erkennen geben, der in mir etwas Gutes zu erblicken glaubt. Alle sollten sehen, wie unverdient mir Gottes Gnade zuteil wurde. Mein Beichtvater aber verbot mir, es zu tun.

Doch alle diese Wünsche entstammten nicht echter Demut, es war vielmehr so, dass die eine Versuchung viele andere verursachte.

Jetzt freilich verstehe ich, dass jene Angst und diese scheinbare Demut lediglich Zeichen für eine große Unvollkommenheit und den Mangel an Askese waren. Wenn nämlich ein Mensch sich den Händen Gottes anvertraut hat, muss es ihm gleichgültig sein, ob man gut oder schlecht von ihm spricht.

Sicher gibt es gute Gründe zur Furcht, bei mir jedoch dürfte es nicht Demut, sondern Kleinmut gewesen sein. Wenn Gott zulässt, dass eine Seele in den Augen der Welt viel gilt, muss sie sich darauf vorbereiten, Märtyrer der Welt zu werden. Sollte sie nämlich der Welt nicht sterben, wird diese sie töten.

Das Einzige, das ich hier für gut halte, ist aber gerade dies: Sie, die Welt, übersieht keine Fehler in den Guten und zwingt diese geradezu mit ihrer Kritik, vollkommen zu werden. Ich bin davon überzeugt, dass man mehr Mut dafür braucht, den Weg der Vollkommenheit zu beschreiten, als sozusagen von heute auf morgen Märtyrer zu werden.

Die Vollkommenheit erreicht man ja gewöhnlich nicht in kurzer Zeit, es sei denn, Gott schenkt diese Gnade als ein besonderes Privileg.

10. Kapitel

Im Dienst der Kirche

10.1 Die Vision der Hölle

Seit langem schenkte mir der Herr jene großen Gnaden, von denen ich bereits gesprochen habe, und andere dazu, die noch größer waren. Eines Tages aber, während des Gebetes, fand ich mich plötzlich, und ohne zu wissen wie, in der Hölle.

Der Herr wollte mir den Platz zeigen, den der Teufel mir ob meiner Sünden bereitet hatte. Es dauerte nur einen Augenblick und doch werde ich ihn zeitlebens nie mehr vergessen.

Ich bin über diese Vision heute noch, sechs Jahre danach, so erschrocken, dass mir kalt wird, wenn ich es schreibe. Und doch ist sie eine der größten Gnaden des Herrn gewesen. Sie hat mir nämlich entscheidend dabei geholfen, keine Angst vor Verfolgungen und den Widerwärtigkeiten des Lebens zu haben, diese vielmehr willig zu erdulden und Gott dafür zu danken, dass Er mich von so schrecklichen Übeln befreit hat.

Alles scheint mir jetzt leicht im Vergleich zu dem, was ich dort in der Hölle gelitten habe. Darum leide ich auch so sehr der Sünder wegen, die in die Hölle kommen (ich denke vor allem an die Lutheraner, die durch die Taufe bereits Glieder der Kirche waren), und sehne mich danach, diesen Seelen zu helfen. Gerne wäre ich bereit, tausendmal zu sterben, könnte ich nur eine von ihnen aus den schrecklichen Qualen der Hölle befreien.

Nach dieser Vision teilte mir der Herr noch Größeres über die Glorie der Guten und die Verdammung der Bösen mit. Ich suchte nach dem besten Weg zur Buße, um den Strafen der Hölle zu entrinnen und um mir etwas von der verheißenen Glorie zu verdienen.

Ich wünschte also, von den Menschen, von der Welt getrennt zu werden. Es war eine starke Unruhe in mir, eine solche aber, die wohl tat.

Ich erkannte nach reiflicher Überlegung, dass es für mich wohl das Wichtigste wäre, dem Ruf zum Ordensstand zu folgen und die Regel in möglichster Vollkommenheit zu beachten und zu leben. In meinem Kloster gab es viele Schwestern, die zwar dem Herrn treulich dienten, die aber aus materiellen Gründen dennoch öfters hinausgingen. Außerdem war das Kloster nicht nach der strengen, sondern nach einer gemilderten Regel gegründet. Ich sah auch noch anderes Nachteiliges: So kam mir vor, es hätte alles zu wenig Tiefgang, weil das Haus gar zu groß und bequem wäre.

Dieses Hinausgehen störte mich sehr, da einige Leute meine Oberen immer wieder um meinen Besuch baten und diese mir dann befahlen, da- und dorthin zu fahren. Vielleicht half auch der Teufel dabei mit, dass ich so oft außerhalb des Klosters weilte.

Eines Tages nun fragte jemand mich und andere Anwesende, ob wir nicht bereit wären, Nonnen nach der Art der Unbeschuhten zu werden und ein eigenes Kloster zu gründen. Da ich schon mit diesem Gedanken beschäftigt war, sprach ich mit jener bereits mehrfach von mir erwähnten Witwe, die ähnliche Wünsche wie ich hegte. Sie begann alsbald mit der materiellen Vorbereitung des Planes und in der Begeisterung suchte sie nach fixen Einkünften.

Ich selbst - da ich mich ja recht wohl in meinem Kloster fühlte - war noch nicht ganz dazu entschlossen. Wir beschlossen jedenfalls, für dieses Anliegen intensiv zu beten.

10.2 Die Folgen einer Vision

Eines Tages nach der Kommunion befahl mir der Herr, dieses Vorhaben mit allen Kräften zu fördern, und Er verhieß mir, dass dieses Kloster unter dem Namen St. Josef sehr zu Seiner Ehre gegründet werden würde; und es werde wie ein Stern sein, von dem viel Licht ausstrahle. Ich sollte dies, was Er mir befahl, meinem Beichtvater sagen und ihn um seine Unterstützung bitten.

Dies alles hatte in mir solche Auswirkungen, dass ich nicht zweifeln konnte, dass es Gottes Werk war. Zwar hatte ich etwas Angst vor den Anstrengungen und Mühen, die eine Verwirklichung des Planes bedeutete. Andererseits war ich auch, wie erwähnt, so weit ganz zufrieden in meinem Kloster - jedoch, da der Herr immer wieder zu mir sprach, blieb mir schließlich nichts anderes übrig, als alles meinem Beichtvater mitzuteilen. Ich gab es ihm schriftlich.

Dieser getraute sich zwar nicht, ein klares Nein dazu zu sagen, hielt aber eine Klostergründung für kaum realistisch, weil die Mittel meiner Gefährtin unzureichend waren. Er verwies mich auf meinen Provinzial.

Ich besprach solche Visionen nicht mit dem Oberen, darum sprach mit ihm jene Dame, die das Kloster gründen wollte. Es gefiel dem Provinzial - er ist ein großer Förderer des Ordenslebens - und er zeigte Interesse, Wohlwollen, ja die Bereitschaft, das Kloster anzunehmen. Auch das Thema der Einkünfte wurde dabei behandelt. Aus mehreren Gründen aber wollten wir nicht, dass in einem Kloster mehr als dreizehn Schwestern wären.

Kaum aber hatte sich dies in der Stadt herumgesprochen, als bissige Kommentare, Hohn und Spott laut wurden: Alles wäre Unsinn und ich täte besser daran, in meinem Kloster zu verbleiben. Ich selbst wurde darob unsicher.

In dieser Situation betete ich zum Herrn und Er tröstete und ermutigte mich. Er sagte mir, ich sollte aus alledem erkennen, was die Ordensgründer auf sich nehmen mussten, und auch, dass ich noch viel mehr erleiden würde, als ich mir denken könne, mir aber nichts daraus machen dürfe.

In meinem eigenen Kloster wurden Verleumdungen und Widerstände so arg, dass schließlich der Provinzial seine Meinung änderte. Er meinte, die Einkünfte wären doch viel zu unsicher und zu klein und dafür aber der Widerstand zu groß.

Das Geschehen stimmte uns beide sehr traurig, vor allem mich, weil infolge der Sinnesänderung des Provinzials mich jedermann angreifen konnte. Bei meiner Gefährtin ging es so weit, dass man sie des Ärgernisses zieh und ihr sogar die Absolution verweigerte.

10.3 Die Verfolgung der Guten

Da der Provinzial es nicht annehmen wollte, befahl mir nunmehr der Beichtvater, den Plan ganz aufzugeben. Gott nur weiß, welche Sorgen und Plagen es mich gekostet hatte, es so weit zu bringen.

Ich gab alles auf. Dies bekräftigte noch mehr die Meinung, dass alles Unsinn von Frauen gewesen war, und man schenkte sogar den Verleumdungen gegen mich Glauben, obgleich ich doch bisher auf Befehl des Provinzials gehandelt hatte.

Ich war wohl deshalb so unbeliebt in meinem Kloster, weil ich ein strengeres hatte gründen wollen. Es herrschte die Meinung vor, solches wäre eine Beleidigung für meine Mitschwestern, unter denen doch so viele besser wären als ich, auch dass ich das Haus nicht liebte und man eher Einkünfte für dieses als für ein anderes suchen sollte. Etliche wollten mich sogar im Kerker wissen und nur ganz wenige waren auf meiner Seite.

Dennoch, obwohl ich damals weder ein noch aus wusste, glaubte ich im Grunde weiter an die Verheißung des Herrn und war von ihr überzeugt.

Was mich aber inmitten aller Verfolgungen vielleicht am meisten betrübte, war ein Schreiben meines Beichtvaters, in dem er mir vorwarf, ich hätte etwas gegen seinen Willen getan, und mich ermahnte einzusehen, dass alles nur ein Traum gewesen wäre und ich mich sofort ändern müsse und nie mehr davon reden dürfe. Ein Skandal wäre es, was ich verursacht hätte!

Dies betrübte mich mehr als alles andere. Sechs Monate lang schwieg ich darüber, ohne das Ganze zu verstehen.

Eines Tages sprach zu mir der Herr inmitten meiner Traurigkeit - weil der Beichtvater mir keinen Glauben schenkte -, ich sollte doch alles nicht so tragisch nehmen, denn bald würden diese Prüfungen vorbei sein.

Ich glaubte darin die Verheißung meines baldigen Todes zu vernehmen und freute mich darüber, doch wenig später schon begriff ich, dass der Herr damit das Kommen des neuen P. Rektors gemeint hatte. Dieser nämlich forderte meinen Beichtvater dazu auf, mich zu trösten und nicht auf einen so engen Weg zu führen, vielmehr den Geist des Herrn in mir wirken lassen.

Bald redete ich mit dem neuen Rektor über alles, was mich bewegte. Ich erkannte, dass er ein heiligmäßiger Mensch und von Gott mit der Unterscheidung der Geister begnadet war. Dies tröstete mich sehr.

Bald danach begann der Herr mir erneut einer Klostergründung wegen zuzusetzen. Dem Beichtvater und dem P. Rektor sollte ich manche guten Gründe dafür mitteilen, um damit ihre Unterstützung zu erlangen. Nun hatte der Rektor nie an dem göttlichen Ursprung meiner Eingebungen gezweifelt, doch auch der Beichtvater erlaubte mir jetzt wieder, mich für das alte Anliegen einzusetzen. Wie schwer dies sein würde, war mir klar, da ich doch ohne Mittel dastand. Meine Gefährtin und ich beschlossen daher, zunächst im Verborgenen zu arbeiten.

Ich ersuchte eine andere Schwester von mir, die weit entfernt wohnte, ein Haus in ihrem Namen zu kaufen und es wiederherstellen zu lassen. Diese tat es mit dem Geld, das uns aus verschiedenen Quellen zu diesem Zweck zugeflossen war.

Ich wollte wirklich nicht gegen den Gehorsam verstoßen, aber andererseits wusste ich ganz genau, dass alle meine Bemühungen vergebens sein würden, sollten die Oberen vorschnell davon erfahren.

Ich habe damals sehr gelitten unter den Schwierigkeiten, bei der Beschaffung des Geldes ebenso wie beim Umbau des Hauses. Manchmal ging ich ganz erschöpft zum Herrn und sagte Ihm: „Wie kannst du mir, einer schwachen Frau, so unmögliche Dinge befehlen? Wenn ich wenigstens frei wäre, so aber bin ich gebunden und besitze kein Geld, weder um das Breve zu bezahlen noch für etwas anderes. Was kann ich denn machen, Herr?“

Einmal, als ich mich in großer Not befand und nicht wusste, womit wir die Arbeiter bezahlen sollten, erschien mir der hl. Josef und gab mir zu verstehen, ich möchte jene unbesorgt bestellen, da es mir an Geld nicht fehlen würde. Ich tat es so, ohne einen Groschen zu haben, und der Herr half mir damals in einem Maße, dass es allen die Sprache verschlug.

Das erworbene Haus schien mir viel zu klein. Ich wollte also ein zweites, daneben liegendes kaufen, wusste aber nicht womit. Da sagte mir der Herr nach der Kommunion: „Ich habe dir schon gesagt, du sollst nur hineingehen, wie du kannst. Wie kleinmütig und gierig ist doch der Mensch! Du hast sogar Angst davor, dass es dir an Erde fehlen wird. Wie oft habe ich im Freien geschlafen, weil ich kein Dach hatte." Ich war ganz beschämt, ging nochmals zu dem Haus und erkannte, dass es Platz genug für ein Kloster bot. Ich ließ es in Ordnung bringen, und zwar so, dass man darin ohne Schädigung der Gesundheit wohnen konnte.

10.4 Die Wege Gottes

Obwohl ich mich um Geheimhaltung bemühte, konnte ich nicht verhindern, dass einige Menschen dies oder jenes erfuhren. Die einen schenkten der Sache Glauben, die anderen nicht. Ich hatte nun Angst, es könnte jemand davon dem Provinzial berichten und dieser mich dann zum Aufgeben zwingen, denn damit wäre alles aus gewesen. Der Herr aber fügte es anders:

Eine Dame[13], die in einer großen Stadt wohnte, zirka 100 km von hier entfernt, und so sehr unter dem Tod ihres Gatten litt, dass man um ihr Leben fürchtete, hatte von mir armen Sünderin Gutes vernommen. Und da sie wünschte, mich zu sehen und von mir getröstet zu werden, versuchte sie es mit allen Mitteln zu erreichen. Sie schrieb dem Provinzial, der ihr gut bekannt war. Tatsächlich befahl mir dieser, zusammen mit einer zweiten Schwester sofort zu jener Dame zu fahren. Ich erfuhr es am Weihnachtsabend. Es belastete mich sehr, dass diese eine so gute Meinung von mir hatte.

Mehr als anderthalb Jahre blieb ich dann bei dieser Dame. In dieser Zeit wollte es der Herr, dass eine Beatin (Selige) unseres Ordens von mir hörte. Sie kam in diese Gegend und machte einen Umweg, um mich zu treffen und mit mir zu reden. Der Herr hatte ihr im selben Jahr und Monat wie mir eingegeben, ein Kloster unseres Ordens zu gründen. Nachdem sie alles verkauft hatte, war sie barfuß nach Rom gepilgert, um dort die notwendige Erlaubnis zu erlangen. Sie zeigte mir die diesbezüglichen Dokumente aus Rom und nun legten wir in den 15 Tagen, die wir gemeinsam verbrachten, die Struktur unserer Klöster fest. Das war gut so. Denn zuvor hatte ich nicht gewusst, dass unsere Regel - vor der Milderung - jede Art von Eigentum verbot, daher wollte ich nicht ein Kloster ohne fixe Einkünfte gründen. In meinem Verlangen, keine ökonomischen Sorgen zu haben, hatte ich jene übersehen, die Eigentum mit sich bringt.

Nach dem Gespräch mit ihr wurde ich anderer Ansicht, fürchtete allerdings, keine Erlaubnis zu einer solchen Gründung zu bekommen. Ich holte mehrere Meinungen dazu ein und in der Tat widersprachen mir alle, sowohl mein Beichtvater als auch die Gelehrten, die ich befragte.

Damals aber kam in das Haus der Dame, bei der ich mich aufhielt, der selige Petrus von Alcántara. Er befahl mir, vom neu gewonnenen Standpunkt nicht abzugehen. Nach diesem Rat beschloss ich, nicht weiter zu fragen.

Und dann geschah es eines Tages in einer Entzückung, dass der Herr mir gebot, das Kloster nur in Armut zu gründen, denn dies wäre Sein und Seines Vaters Wille. Auch ein anderes Mal pries Er die Armut und versicherte mir, dass es jenen, die Ihm dienen, nie am Lebensnotwendigen fehlen würde.

Um diese Zeit stellte es mir der Provinzial anheim, in das Kloster zurückzukehren oder noch einige Zeit bei dieser Dame zu bleiben. Ich kehrte zurück, ganz entschlossen, alles anzunehmen, was der Herr mir schickte. Und noch am Abend meiner Ankunft langten von Rom die Dokumente und das Breve für die Gründung des Klosters ein. Ich und jene, die davon wussten, wie der Herr mich dazu bewegt hatte, sofort hierher zu kommen, waren sehr überrascht. Hier fand ich den Bischof, den seligen Petrus von Alcántara und einen Bekannten von ihm, bei dem er wohnte. Beide zusammen erreichten, dass der Bischof sein Einverständnis zu der Klostergründung gab. Der heilige alte Mann trug sehr zur Verwirklichung dieses Klosters in Armut[14] bei, indem er ein solches nicht nur persönlich bejahte, sondern sich auch dafür einsetzte, dass möglichst viele uns dabei halfen. Dennoch hielten wir alles nach wie vor geheim, denn sonst hätten wir nichts erreicht, der Widerstand der Bevölkerung war ja, wie sich später herausstellte, sehr groß.

Da geschah es, dass ein Schwager von mir erkrankte und mir erlaubt wurde, bei ihm zu sein, um ihn zu pflegen, weil seine Frau nicht hier war. Dieser Zufall half, so manches zu vertuschen. Es mag befremdlich klingen, aber jene Krankheit dauerte nur so lange, wie es für unser Projekt notwendig war. Für mich freilich bedeutete all dies eine doppelte Belastung. Hatte ich doch auf der einen Seite die Gründung voranzutreiben und auf der anderen die Verpflichtung, mich, so gut es nur ging, um den Kranken zu kümmern.

Ich litt bisweilen so darunter, dass ich manchmal dachte, ob es sich nicht um das Kreuz handelte, das der Herr mir versprochen hatte. Dieses Kreuz kam mir aber wieder zu klein vor im Vergleich zu dem, was ich verstanden hatte.

10.5 Die Gründung des Klosters

Endlich war es so weit. Dank der Gnade Gottes konnten am Fest des hl. Bartholomäus die ersten eingekleidet und das Allerheiligste in der Kapelle eingesetzt werden. Die Gründung des Klosters St. Josef war damit vollzogen. Es war das Jahr 1562.

Ich nahm die Einkleidung zusammen mit zwei anderen - zufällig anwesenden - Schwestern unseres Ordens vor. Ich selbst hatte Erlaubnis, dort zu sein, weil, wie bereits erwähnt, das Kloster sich in dem Haus auftat, das mein Schwager gekauft hatte, um unser Vorhaben zu verschleiern. Allerdings machte ich dabei nichts ohne die Zustimmung von Theologen, um nicht gegen den Gehorsam zu verstoßen.

Jene Gottesgelehrten aber waren der Meinung, ich könnte auch ohne das Wissen meiner Oberen so handeln, weil es von Vorteil für den ganzen Orden war. Und hätten sie in meinem Verhalten auch nur die kleinste Unkorrektheit erblickt, ich wäre bereit gewesen, die Errichtung von tausend Klöstern, geschweige denn erst von einem einzigen zu unterlassen.

Gewiss wünschte ich diese Gründung, schon um mich von allem mehr zurückzuziehen und meiner Profess und Berufung noch vollkommener leben zu können. Dennoch, hätte ich erkannt, dass ich Gott besser diente, indem ich alles aufgäbe, wäre ich, wie schon einmal, in Ruhe und Frieden dieser meiner Einsicht gefolgt.

Nun freilich fühlte ich mich wie im siebenten Himmel - jetzt, als das Allerheiligste in der Kapelle aufgestellt und das Problem von vier Waisen - wir nahmen sie ohne Mitgift auf - gelöst worden war.

Diese wurden große Dienerinnen Gottes und entsprachen so durchaus unserem Wunsch, nur solche Frauen aufzunehmen, die durch ihr vorbildliches Leben das Fundament für die Verwirklichung unseres Anliegens nach mehr Vollkommenheit und mehr Gebet mitzubilden vermöchten. Es freute mich, Gottes Auftrag verwirklicht zu haben, und auch, dass es in dieser Stadt nunmehr auch ein Gotteshaus gab, das dem hl. Josef gewidmet war.

Wenige Stunden später jedoch stürzte mich der Teufel in einen inneren geistigen Kampf. Ich begann zu zweifeln, ob ich richtig oder nicht vielmehr falsch, nämlich gegen den Gehorsam gehandelt hätte. Ich fragte mich, ob jene, die so streng leben sollten, überhaupt Zufriedenheit finden könnten, auch ob sie einfach genug zu essen haben würden, ob ich nicht in einem großen Irrtum befangen wäre. Warum sollte denn gerade ich, die ich schon in einem Kloster war, mich auf ein solches Abenteuer einlassen? Mit einem Mal war jedenfalls aus meinem Gedächtnis verschwunden, was der Herr mir seit zwei Jahren immer wieder gesagt hatte. Und noch zu anderen selbstquälerischen Fragen verführte mich der Teufel, etwa, wie denn ich, eine mit vielen Krankheiten behaftete Frau, ein so strenges Haus ertragen könnte. Warum ich ein Kloster aufgeben wollte, in dem ich mich an sich wohl fühlte und wo ich gute Freundinnen hatte. Und wüsste ich denn, ob meine neuen Gefährtinnen mich nicht enttäuschen würden?

Immer wieder fiel mir bald dies und bald das ein und ich war darüber traurig und in der Finsternis. Wie stets ließ aber auch diesmal der Herr mich nicht im Stich. Bald schon schenkte Er mir die Einsicht, dass der Teufel seine Hand im Spiel hatte, und also begann ich wieder an meine Bereitschaft und Entschlossenheit zu denken, nur dem Herrn zu dienen und für Ihn zu leiden.

Nachdem dies alles vorbei war, wollte ich mich nach dem Essen von der Schlaflosigkeit der letzten Tage ein wenig erholen, als mich der Befehl meiner Oberin überraschte, sofort heimzukehren. Ich gehorchte und ließ meine Nonnen ganz traurig zurück. Sowohl mein Kloster als auch die Stadt hatten das Geschehene erfahren und waren sehr empört darüber.

Kaum angekommen, versuchte ich, mein Verhalten der Oberin zu erklären, und in der Tat beruhigte sie sich ein wenig. Meine Mitschwestern jedoch hinterbrachten alles dem Provinzial. Dieser rügte mich sehr, ich aber wollte meine Tat nicht entschuldigen, sondern bat ihn, er möge mir verzeihen oder auch mich strafen, auf keinen Fall jedoch böse auf mich sein. Er ordnete an, dass ich mich vor den Schwestern rechtfertigen sollte.

Da ich aber im Herzen ruhig war und da vor allem der Herr mir dabei half, vermochte ich alle Vorgänge so darzustellen, dass weder der Provinzial noch die anwesenden Mitschwestern einen Grund fanden, mich zu verurteilen.

Später hatte ich mit dem Provinzial noch eine Unterredung unter vier Augen, mit dem Ergebnis, dass er mir versprach, mich wieder in mein neues Kloster gehen zu lassen, sobald sich die Aufregung in der Stadt gelegt hätte.

Zwei oder drei Tage darauf kamen Bürgermeister und Gemeinderäte zusammen und beschlossen, die Gründung nicht zuzulassen, weil sie von Schaden für alle wäre. Sie versammelten Theologen, und zwar je zwei aus jedem Orden, um sich und befragten sie um ihre Meinung. Während die einen schwiegen, verurteilten die anderen. Schließlich verlangten sie die sofortige Aufhebung des neuen Klosters. Nur einer von ihnen, ein Dominikaner, übte zwar gleichfalls Kritik daran, dass das Kloster keine fixen Einkünfte hätte, betonte aber zugleich, dass man nicht vorschnell handeln dürfe, vielmehr alles gut überlegen müsse, und dass außerdem eine Entscheidung Sache des Bischof wäre.

Überall in der Stadt sprach man von der Angelegenheit, alle verurteilten mich und wurden beim Provinzial oder im Kloster selbst vorstellig. Mir war es an sich gleichgültig, was die Leute sagten, ich hatte lediglich Angst um die Gründung. Während der zwei Tage, die jene Beratungen beanspruchten, war ich recht verzagt. Da sprach zu mir der Herr: „Wovor fürchtest du dich? Weißt du nicht, dass ich allmächtig bin?“ Und Er versicherte mir, dass die Gründung nicht aufgehoben werden würde. Mittlerweile waren Informationen sogar dem königlichen Rat zugegangen, der daraufhin um eine genaue Darstellung der Vorgänge ersuchte. Dies war der Anfang eines großen Zivilprozesses, in dessen Verlauf eine ganze Reihe von Personen sowohl aus der Stadt wie aus meinem Kloster an den Hof geladen wurden. Ich selbst war mittellos und wusste nicht, was zu tun sei.

Der Herr jedoch kümmerte sich darum, insofern nämlich mein Provinzial mir nie verbot, mich um Hilfe umzuschauen. Er war ja ein großer Freund von allem, was Tugend ist, sodass er, obwohl er persönlich mir nicht half, doch auch nicht dagegen arbeiten wollte. Allerdings erlaubte er mir nicht, in das neue Kloster zurückzukehren, bevor ihm nicht der Ausgang der ganzen Affäre klar wäre.

Das Hin und Her dauerte fast ein halbes Jahr und es wäre wohl viel zu lang, wenn ich im Detail erzählte, was ich damals mitgemacht habe. Eines Tages sagten sie zu mir, sie würden die Gründung unter der Voraussetzung fixer Einkünfte akzeptieren. Ich war schon derart müde, dass ich dachte, vielleicht wäre es gar nicht schlecht, diese Bedingung zunächst anzunehmen, und dann, wenn alle sich beruhigt hätten, von ihr wieder abzugehen. Am Abend vor der Verhandlung aber trug mir der Herr während des Gebetes auf, solches nicht zu tun, denn begännen wir erst mit Einkünften, würde man uns später nicht erlauben, diese aufzugeben.

In dieser Nacht erschien mir auch der hl. Petrus von Alcántara, der mir kurz vor seinem Tod geschrieben hatte, er wäre eigentlich sehr froh darüber, dass die Gründung mit so großen Schwierigkeiten verbunden sei. Dies wäre ein Zeichen dafür, dass sie der Ehre Gottes dienen würde, sonst wäre ja der Teufel nicht so eifrig dabei, sie zu verhindern. In jener Vision nun verbot mir der Heilige streng, irgendwelche Einkünfte anzunehmen. Ich war davon sehr beeindruckt.

Am nächsten Tag erzählte ich dem heiligen Edelmann, was geschehen war, und dass wir daher auf keinen Fall die Bedingung der Einkünfte akzeptieren könnten, lieber sollte der Zivilprozess fortgesetzt werden.

Dann tauchte eine andere Person auf und meinte - dabei durchaus getragen von lobenswertem Eifer -, man sollte alles den Gelehrten überlassen. Ich hatte deshalb große Sorgen, denn selbst einige von meinen Helfern waren dafür. Diese tückische Falle Satans war wohl am schwierigsten für mich zu bestehen. Der Herr aber half mir!

Niemand kann sich vorstellen, was wir in jenen zwei Jahren - vom Beginn der Gründung bis zu deren Vollendung - alles durchgemacht haben.

Die Stadt begann eben, sich langsam zu beruhigen, als jener Dominikanerpater kam, der uns immer schon, auch wenn er abwesend war, geholfen hatte. Er erschien zur rechten Zeit. Ich glaube, dass ihn der Herr selbst herführte, denn an sich hatte er keinen besonderen Grund zu kommen. Und er blieb, solange es notwendig war. Vor seinem Abschied gelang ihm etwas, was man damals noch fast für unmöglich gehalten hätte. Er erreichte, dass der Provinzial mir und einigen anderen erlaubte, uns in das Kloster zu begeben, um dort das Brevier zu beten und die dortigen Schwestern auszubilden.

Der Tag, an dem wir heimkehrten, war für mich ein Freudentag. Noch ehe ich in das Haus eintrat, fand ich mich in der Kirche beim Gebet fast in einer Entzückung. Ich meinte zu sehen, wie Christus mich mit großer Freude aufnahm und eine Krone auf mein Haupt setzte ...

11. Kapitel

Gott hat mich überwältigt

11.1 Von Christus fasziniert

Es widerstrebt mir eigentlich, von den vielen und großen Gnaden, die der Herr mir geschenkt hat, zu berichten. Aus Gehorsam zu Gott aber und zu Ihnen[15] will ich es tun. Und vielleicht nützt es irgendeinem zu erfahren, dass und wie Gott so ein unscheinbares Wesen, wie ich es bin, mit Gnaden überschüttet hat, und es mag ihn ermuntern, seinerseits dem Herrn zu gefallen.

Zunächst muss ich feststellen, dass die Gnaden, die der Herr uns schenkt, nicht alle gleich sind. Der Unterschied ist bisweilen so groß, dass es der Seele unmöglich scheint, noch mehr zu wünschen. Seit ich den Unterschied der Glorie erfahren habe, der unter den Heiligen ist, weiß ich, dass der Herr uns auch hier auf Erden grenzenlos und frei nach Seinem Willen beschenkt.

Noch jedesmal, wenn der Herr mir irgendeine Gnade, sei es eine Vision, sei es eine Relevation (Enthüllung), gewährte, hatte meine Seele einen Nutzen davon, in manchen Fällen sogar einen überaus großen. So ist in mir zum Beispiel, weil ich Christus gesehen habe, bis heute Seine Schönheit eingeprägt geblieben. Dies war sehr wichtig für mich, denn ich hatte einen großen Fehler, dem andere entsprossen: Wenn ich nämlich merkte, dass jemand mich mochte und er auch mir gefiel, fühlte ich eine so starke Zuneigung zu ihm, dass mein Verstand wie gefesselt war - in allen Ehren natürlich, doch machte es mir Spaß, an ihn zu denken, ihn zu sehen usw. Und das war nicht gut für mich. Seit ich aber die Schönheit des Herrn erblicken durfte, sehe ich keinen mehr, der Ihm gleicht oder der mich faszinieren könnte. Es genügt dann, an das Bild des Herrn zu denken, das in meinem Herzen eingeprägt ist, um innerlich so frei zu sein, dass alles andere im Vergleich dazu abstoßend wird.

Es erwachten in mir eine viel größere Liebe und ein weit tieferes Vertrauen zum Herrn. Mir wurde klar, dass Er, obwohl Gott, zugleich doch auch Mensch war und dass Ihn unsere Schwächen nicht stören. Er versteht unsere armselige, der Sünde verfallene Natur und Er ist ja gekommen, alles in Ordnung zu bringen. Obgleich Er der Herr ist, kann ich mit Ihm reden wie mit einem Freund. Und ich weiß, dass Er so ganz anders ist als die scheinbaren Herren der Erde, die ihre Herrschaft auf unechte Titel und Ansprüche stützen. Das wären einige unter vielen noch größeren Vorteilen dieser einen Vision. Ob diese aber von Gott ist, erkennt man an den Auswirkungen.

11.2 Von Gott begnadet

Eines Abends fühlte ich mich krank und wollte mich vom Gemeinschaftsgebet entschuldigen. Ich nahm den Rosenkranz zur Hand, um mündlich zu beten, war zwar äußerlich gesammelt, nicht aber in meinem Verstand.

Kurze Zeit hatte ich in dieser Haltung verbracht, als mich eine so heftige Ekstase überkam, dass ich ihr nicht zu widerstehen vermochte. Ich glaubte, im Himmel zu sein, sah dort meine Eltern und dazu noch so große Dinge, dass ich einfach außer mir war. Dieser Zustand kam mir sehr kurz vor, kaum länger als ein Ave-Maria. Ich hatte Angst, das Ganze wäre bloß Einbildung gewesen, und schämte mich, damit zu meinem Beichtvater zu gehen, und zwar weniger aus Demut, als aus Furcht, er könnte mich auslachen und spotten, ob ich denn gar schon der hl. Paulus oder der hl. Hieronymus wäre, um den Himmel sehen zu dürfen. Ich weinte sehr, weil ich dachte, ich befände mich auf keinem guten Weg.

Schließlich ging ich dann doch zu meinem Beichtvater, dem ich nie etwas, auch nicht das Peinlichste verschweigen wollte - aus Angst, sonst getäuscht zu werden, und er ermutigte mich sehr.

Im Lauf der Zeit ist es öfters vorgekommen, dass der Herr mir Geheimnisse offenbarte. Das geringste unter ihnen war von einer Größe, die mich ganz außer mir sein ließ und mich lehrte, die Dinge des Lebens minder zu achten. Ich möchte dies gern näher erklären, aber es ist mir unmöglich. Man kann eben nicht das irdische Licht mit dem himmlischen vergleichen und diesem gegenüber erscheint selbst die Sonne blaß. Ich glaube, wir können uns nicht einmal vorstellen, wie dies alles ist.

Gelobt sei der Name, sei die Barmherzigkeit des Herrn, denn Großes hat Er in mir bewirkt. Meine Seele wollte nicht mehr zur Erde zurückkehren, sondern für immer dort bleiben und ich verstand mit einem Mal, wie niedrig es ist, wenn man am Irdischen haftet. Ich hatte immer sehr den Tod gefürchtet. Nun wurde diese Angst viel schwächer und ich dachte, der Tod müsste leicht sein für den, der Gott dient, da Er ja die Seele aus dem Kerker befreit. Wer Gott wirklich liebt und sich von allem Irdischen losgelöst hat, wird sanft sterben.

Diese meine Vision hat mir sehr geholfen, unsere wahre Heimat zu erkennen und einzusehen, dass wir alle hier nur Pilger sind. Es ist ja so beglückend zu wissen, wo wir einst leben werden. Wer nämlich in ein anderes Land ziehen muss, wird alle Strapazen der Reise gerne auf sich nehmen, wenn er vorher erfahren hat, dass jenes Land ihm wahre Ruhe und Heimat bietet.

So ist es denn eine ganz große Gnade, wenn der Herr einem solche Visionen schenkt.

Und doch sollte ich noch Gewaltigeres erleben. Es war am Tag vor Pfingsten. Nach der Messe zog ich mich zurück und las in einem Buch über das Fest nach, über die Zeichen, die sowohl Anfängern wie Fortgeschrittenen und Vollkommenen zuteil werden, damit sie erkennen, dass der Heilige Geist mit ihnen ist. Ich glaubte, dass Er auch mit mir war, und begriff die Größe der Gnade. Ich stellte mir den Ort in der Hölle vor, den ich verdient hatte, und pries Gott für den Wandel in meiner Seele. Da überkam mich eine Entzückung, die so ganz anders war als die vorhergegangenen. Meine erregte Seele strebte mit aller Macht aus dem Körper weg. Ich musste mich, obwohl ich saß, dazu noch anlehnen, weil mein Leib völlig schwach war. Auf einmal sah ich über meinem Kopf eine Taube schweben mit Flügeln aus kleinen Muscheln, die Glanz ausstrahlten. Ich vernahm den Flügelschlag ein Ave Maria lang. An sich hätte eine solche Gnade meinen Geist beunruhigen müssen, doch indem er begann, sich dieser zu erfreuen, verlor er alle Angst, wurde ruhig und verblieb in wonnevoller Verzückung. Während der Pfingsttage war ich wie betäubt. Ich erfuhr, dass meine Liebe zu Gott voranschritt und dass die Tugenden in mir viel stärker wurden. Lob und Preis sei Gott dafür in alle Ewigkeit. Amen!

Noch ein zweites Mal erblickte ich jene Taube über dem Kopf eines Dominikanerpaters und mir schien, als ob der Glanz, der von den Flügeln ausging, viel intensiver war als damals bei mir. Ich erkannte daraus, dass dieser Pater wohl viele Menschen zu Gott führen würde.

Eines Abends rief mir der Herr in Erinnerung, wie schlecht mein Leben gewesen war, und ich schämte mich. Denn obgleich solche Worte des Herrn nicht hart sind, nehmen sie einen ganz schön her und doch hilft uns ein einziges von ihnen mehr, uns selbst zu erkennen, als wenn wir tagelang unsere Schwachheit und unsere Schwächen umwälzen. Er ließ mich der eitlen Liebe gedenken, die ich so lange geübt hatte, und sagte zu mir, ich sollte es schätzen, dass ich nun jene Ihm zuwenden dürfe und Er sie annähme.

Ein anderes Mal meinte Er, dass ich es oft für Ehre gehalten hätte, gegen die Seine zu handeln, und dass Er mich dann, wenn ich Ihn am meisten beleidigte, mit Seinen Gnaden beschenkte.

Es bedeutete für mich Tränen, als mir der Herr mein schlechtes Leben in Erinnerung brachte. Dennoch empfand ich dies gleichsam als Voraussetzung für eine ganz besondere Gnade. Es geschieht mir immer wieder, dass mich der Herr sozusagen auseinandernimmt, bevor Er mir Seine Gnaden schenkt. Ich meine, der Herr tut so, damit ich erkenne, dass ich diese nicht verdient habe.

In der Tat, bald darauf wurde mein Geist in einem Maß entzückt, dass ich meinte, er wäre nicht mehr in meinem Körper. Ich erblickte die heiligste Menschheit Jesu in einer Glorie wie nie zuvor. Eine wunderbare und klare Erkenntnis offenbarte mir, dass Er sich im Schoß des Vaters befände, wie, vermag ich freilich nicht zu sagen. Ich war jedenfalls so ergriffen davon, dass mehrere Tage verstrichen, ehe ich wieder zu mir kam.

Dreimal habe ich diese Vision noch erlebt. Sie scheint mir die größte zu sein, die mir der Herr je geschenkt hat, und ist von gewaltigem Nutzen. Sie reinigt die Seele und dämpft unsere Sinnlichkeit, ist eine große Flamme, die alle irdischen Begierden vernichtet. Obwohl ich damals keine Hinneigung zu diesen mehr verspürte, wurde mir in völliger Klarheit aufgezeigt, dass und wie die Dinge der Welt eitel sind. Diese Vision lehrt einen, all seine Sehnsucht der reinen Wahrheit zuzuwenden.

Wenn ich nun zur Kommunion ging und der Majestät gedachte, die ich bereits geschaut hatte und die im hochheiligen Sakrament gegenwärtig ist, meinte ich, vergehen zu müssen.

O Herr, es ist gut, dass Du Deine Größe verbirgst, denn wer könnte es sonst wagen, seine Niedrigkeit mit Deiner Größe immer wieder zu vereinen? Alle Geschöpfe sollen Dich preisen, weil Du Dich unserer Schwachheit anpasst. Anders nämlich könnte es uns wie jenem Bauer ergehen, der eines Tages einen so gewaltigen Schatz fand, dass er ihn nicht fassen konnte. Aus lauter Kummer und Sorge, nicht zu wissen, was damit zu tun sei, siechte er dahin. Wäre ihm der Schatz hingegen Stück für Stück zuteil geworden, hätte er glücklich, weil von der Armut befreit, gelebt und wäre nicht an der Überfülle des Reichtums gestorben.

O Herr, wie wunderbar erhältst Du uns, indem Du uns mit Deinen großen Schätzen nicht auf einmal überschüttest, uns diese vielmehr langsam, nach und nach, darbietest.

11.3 Weitere Gnaden

Einmal war ich überaus traurig, weil ich erfahren hatte, dass ein Mensch, dem ich mich sehr verpflichtet fühlte, etwas gegen Gott und Seine Ehre zu tun entschlossen war. Es schien mir, es wäre daran nichts zu ändern, und so war ich denn zunächst ganz konfus. Dann aber bat ich Gott aus vollem Herzen, Er möge sich der Sache annehmen. Ich war zu diesem Zweck zu einer entfernten Eremitage im Klostergarten gegangen, in der sich eine Statue befand, die Christus an der Geißelsäule zeigte. Mitten in meinem Flehen vernahm ich plötzlich Seine Stimme. Sie war so leise, dass ich nicht verstehen konnte, was Er mir sagte, und erlosch auch bald wieder. Dennoch erfüllten mich plötzlich innere Ruhe und Freude und ich wusste einfach, dass geschehen würde, worum ich gebetet hatte.

Öfters schon hat Gott auf meine Fürbitte hin Menschen aus schwerer Sündennot befreit oder andere zu größerer Vollkommenheit geführt. Dieser Gnaden, die ich vom Herrn empfangen habe, sind jedenfalls so viele, dass ich sie alle hier gar nicht anführen kann. Zunächst war ich darob recht bestürzt, nun aber, da jene so offensichtlich anderen zugute kommen, ist es mir gar nicht mehr peinlich, sie anzunehmen. Ich lobe und preise den Herrn dafür. Zwar schäme ich mich ein wenig, weil ich Ihm immer mehr und mehr dadurch verpflichtet bin, andererseits aber wachsen in mir die Liebe zu Ihm und das Verlangen, Ihm zu dienen.

Folgendes überrascht mich am meisten: Ich kann Gott nur um etwas angehen, was Seinem Willen entspricht. Ist dies nicht der Fall, kann ich mich noch so sehr bemühen: Meine Bitte entbehrt dann jeder Kraft und ist wie lahm. Steht aber der Herr hinter meinem Anliegen, habe ich dieses gleichsam von selbst und mit aller Dringlichkeit immer vor Augen.

Ich weiß kaum, wie ich den großen Unterschied zwischen diesen beiden Arten zu bitten erklären könnte. Das eine Mal ist es so wie bei einem Menschen, der stammelt und stottert. Er möchte gerne sprechen, aber kann nicht und niemand versteht seine Laute. Im anderen Fall aber redet jemand ganz klar und deutlich zu einem Partner, der ihm gern zuhört. Es ist, wage ich zu sagen, wie der Unterschied zwischen dem mündlichen Gebet und einer hohen Beschauung.

Ich habe diese Blätter nicht in einem Zug, sondern bald an diesem und bald an jenem Tag geschrieben, immer wenn ich ein wenig Zeit dafür erübrigen konnte. Aus diesem Grund habe ich vergessen, von der begonnenen Vision weiter zu berichten. Ich sah mich auf einem großen Feld, umzingelt von vielen Leuten, die Lanzen, Schwerter und andere Waffen in den Händen hielten, um mich anzugreifen. Ich war allein und ohne Hilfe und konnte mich so der Bedrängnis nicht entziehen. In dieser meiner Not hob ich die Augen zum Himmel und erblickte Christus, wie Er mir Seine Hand reichte. Mit einem Mal hatte ich keine Angst mehr und wusste, dass mir jene Leute nicht schaden könnten.

Diese Vision hat mir unendlich viel geholfen, denn als ich mich schon kurze Zeit später tatsächlich in einer ähnlichen Situation befand, wurde mir klar, dass sie ein Abbild der Welt bedeutete, in der alles Waffen hat, um die Seele damit zu bestürmen. Ich meine damit gar nicht so sehr jene Menschen, die dem Herrn nicht dienen, oder Eitelkeiten wie Ansehen, Reichtum oder Vergnügen (dies ist ohnedies selbstverständlich), ich meine vielmehr Freunde, Verwandte, ja gute Menschen, die uns fesseln oder fesseln wollen. Ich wenigstens sah mich gerade von diesen so bedrängt, dass ich nicht wusste, wie ich mich dagegen wehren sollte.

Dies war vielleicht die größte Verfolgung, die ich erlitten habe. Ich geriet öfters in solche Bedrängnisse und fand dabei Hilfe in der Erinnerung an die eben geschilderte Vision von der Treue Gottes.

Und wirklich, immer wieder in diesen Augenblicken der Not schickte mir der Herr einen Stellvertreter, der mir in Seinem Namen die Hand reichte.

Einmal, als ich wiederum daran zweifelte, ob denn jene Visionen überhaupt von Gott stammten, erschien mir der Herr und sagte in aller Strenge: „Oh, ihr Menschenkinder, wie lange noch werdet ihr hartherzig sein?“ Ich sollte mich doch ehrlich fragen, ob ich Ihm ganz gehörte. Wenn ja, dann könnte ich damit rechnen, dass Er mich nicht zugrunde gehen ließe.

Ich war darob sehr niedergeschlagen. Dann aber sprach Er wieder in Güte und Liebe zu mir und richtete mich auf. Er wusste ja, dass ich Ihm ganz zu eigen sein wollte. Ich müsste nur ständig an die in mir wachsende Liebe zu Ihm denken, dann würde ich sehr wohl erkennen, dass meine Visionen gar nicht das Werk des Teufels sein könnten. Und wenn schon so viele und qualifizierte Menschen gesagt hätten, dass die Visionen von Gott stammten, wäre es geradezu unsinnig, daran zu zweifeln.

11.4 Die Größe Gottes

Plötzlich, während des Chorgebetes, kam es mir vor, als wäre meine Seele ein klarer Spiegel, in dessen Mitte ich Christus in der mir vertrauten Gestalt erblickte. Und ich verstand: Bei Menschen, die in Todsünde sind, ist dieser so vernebelt, dass er den Herrn, der doch immer in uns ist, nicht widerspiegeln kann. Ärger aber noch verhält es sich bei jenen, die der Irrlehre verfielen: Ihre Spiegel sind zerbrochen.

Auch diese Vision hat mir sehr geholfen, auch wenn sie mich zugleich belastete, der vielen Male wegen, da Sünden meinen Spiegel getrübt hatten. Sie ist meiner Ansicht nach sehr nützlich vor allem für Menschen des inneren Gebetes. Diese können nämlich daraus lernen, den Herrn im Tiefsten ihrer Seele zu schauen - eine

Betrachtungsart, die viel fruchtbarer und anhaltender ist als jene, die Ihn außerhalb von uns selbst ansiedelt.

Schon der hl. Augustinus bekannte, dass er Gott weder auf den Plätzen noch in den Klöstern, sondern nur in seinem Herzen gefunden hätte.

Wir brauchen nicht erst die Himmelsleiter emporzusteigen, es ist vielmehr das Beste, nicht weiterzugehen als bis in uns selbst hinein, da alles andere unseren Geist bloß ermüden und zerstreuen und jedenfalls nicht so viel Frucht bringen würde.

Eines möchte ich betonen: Bei großen Entzückungen bleibt nach der kurzen Zeit ihrer totalen Vereinigung die Seele sehr gesammelt und kommt äußerlich nicht zu sich, während Erinnerung und Verstand gleichsam durcheinandergeraten. Solches geschieht, vor allem am Anfang, des öfteren. Ursache dafür ist wohl, dass unsere schwache Natur diese Fülle des Geistes nicht zu ertragen vermag und so die Erinnerung geschwächt wird. Menschen, denen dies zustößt, möchte ich raten, sich zu einer Unterbrechung des Gebetes zu zwingen und dieses zu einer anderen Zeit nachzuholen, anders könnte es ihnen nämlich schaden. Wir müssen berücksichtigen, was unsere Gesundheit ertragen kann.

Bei all dem braucht man also Erfahrung und vor allem einen Meister, denn ist einmal die Seele bis zu dieser Stufe gelangt, wird sie mit Dingen konfrontiert, die sie mit jemandem besprechen sollte. Freilich, findet sie trotz aller Bemühungen keine geeignete Person, wird der Herr sie dennoch nicht im Stich lassen, so wie ich es selbst erfahren habe. Da aber meiner Meinung nach nur verhältnismäßig wenige die nötige persönliche Erfahrung besitzen, sind zumindest Aussprachen mit einem guten Beichtvater notwendig, vor allem für Frauen. Gott lässt nämlich solche Gnaden häufiger bei diesen zu als bei Männern. Auch der hl. Petrus von Alcántara war der Meinung, dass Frauen in dieser Richtung die größeren Fortschritte machen.

11.5 Alles zur Ehre Gottes

Diese und noch größere Gnaden schenkte und schenkt noch immer mir armen Sünderin der Herr. Lob und Preis sei Ihm dafür.

Eines Tages, als ich mich in einer seelischen Flaute fand, tröstete Er mich liebevoll, indem Er mir sagte, dass es auch im geistlichen Leben nicht nur Höhepunkte geben könne. Einmal werden wir ganz begeistert sein und ein andermal nicht, einmal unruhig oder von Versuchungen geplagt und dann wieder ruhig und gelassen. Ich sollte mich aber nicht fürchten, sondern auf Ihn vertrauen.

Einst überlegte ich, ob es Ausdruck von Anhänglichkeit wäre, Menschen zu lieben, die mich berieten, gern bei ihnen zu sein und mir bei denen Trost zu holen, die ich als wahre Diener Gottes erkannt hatte. Da sagte der Herr: Wenn jemand todkrank gewesen ist und ihn ein Arzt wieder gesund macht, ist es sicher keine Tugend, sich bei diesem nicht zu bedanken und ihn nicht zu lieben. Wohin wäre ich denn ohne solche Menschen geraten? Der Umgang mit den Guten schadet nicht nur nicht, sondern nützt, deshalb sollte ich sie weiterhin unbesorgt aufsuchen.

Das war ein großer Trost für mich, denn mitunter hatte ich schon daran gedacht, alle diese Kontakte aufzugeben. So hat mir der Herr immer wieder Seinen Rat zuteil werden lassen und mir gezeigt, wie ich mit den Schwachen und mit den Starken umgehen sollte.

Bisweilen bin ich recht niedergeschlagen, wenn ich mich zu schwach fühle, um dem Herrn zu dienen oder wenn ich mehr Zeit, als mir wünschenswert ist, meinem elenden Körper widmen muss. Einmal, als ich gerade betete, hatte ich viele Schmerzen. Da mich diese einerseits zur völligen Beschäftigung mit mir selbst zwangen, ich andererseits aber spürte, dass mein Geist Zeit für sich verlangte, weinte ich vor Traurigkeit und es war mir in diesem Augenblick alles so zuwider, dass ich mich selbst hasste (was übrigens öfters vorkam). Da erschien mir der Herr und forderte mich auf, dies alles aus Liebe zu Ihm zu ertragen, denn ich hätte noch Aufgaben zu erfüllen. Wirklich, ich war nicht mehr betrübt, seit ich mich entschlossen hatte, dem Herrn mit allen Kräften zu dienen. Dies nämlich ist der Sinn meines Lebens und darum bitte ich Gott immer wieder aus ganzem Herzen. Manchmal sage ich: Herr, lass mich entweder sterben oder leiden, nichts anderes erbitte ich für mich. Und es freut mich dann, den Schlag der Uhr zu hören, weil wiederum eine Stunde des Lebens vorbei ist und ich mich so der Anschauung Gottes näher glaube.

Andere Male aber habe ich das Gefühl, dass es mir weder Leid tut zu leben, noch dass ich zu sterben wünsche; ich befinde mich vielmehr in einem durch allerhand Beschwernisse verursachten Zustand der Lauheit und Dunkelheit. Und obwohl der Herr es zugelassen hat, dass die mir gewährten Gnaden bekannt wurden, tröstet mich der Gedanke, dass ich nicht an jenem Zustand schuld bin. Ich habe stets darauf geachtet, davon nur meinen Beichtvätern Mitteilung zu machen oder auch einigen Menschen, von denen ich annehmen konnte, dass sie mich begriffen.

Nun aber, wo ich dessen gewiss bin, dass Gott dadurch Menschen geholfen hat, mache ich mir nichts oder kaum etwas daraus, wenn einige mich verleumden und andere sich davor fürchten, mit mir zu sprechen oder mir gar die Beichte abzunehmen.

Wichtiger als das, was über mich gesagt werden kann, ist, dass dadurch einer Seele auch nur ein wenig geholfen wird. Dies ist mein Wunsch, seit ich in diesem Kloster weile. Der Herr aber hat mich in einen Lebenszustand versetzt, in dem weder für übermäßige Freude noch für übermäßiges Leid Raum ist.

Wenn mich dieses oder jenes reizt, vergeht es so rasch wie ein Traum. Tatsächlich freue ich mich nachher darüber oder leide darunter genauso wenig, wie ein vernünftiger Mensch sich über einen Traum freut oder ärgert. Gott hat mich eben aus dem Zustand erweckt, in dem wegen meines Mangels an Abtötung mich alles erregte und aufregte. Möge Er nicht zulassen, dass ich wieder erblinde.

So lebe ich jetzt, ehrwürdiger Pater[16]. Beten Sie zu Gott, auf dass Er mich zu sich nehme oder mir einen Weg zeige, Ihm zu dienen. Hoffentlich helfen Ihnen dabei diese Berichte, die zu verfassen aus Zeitmangel für mich nicht leicht gewesen ist. Alle Mühe aber wäre gerechtfertigt, wenn es mir hier gelungen ist, etwas zu schreiben, was Grund wäre, auch nur ein einziges Mal den Herrn zu preisen. Ein solcher Lohn würde mir durchaus reichen, selbst wenn Sie dann mein Manuskript verbrennen sollten.

Möge der Allmächtige mir die Gnade verleihen, dass ich stets Seinen Willen tue, und es nicht zulassen, dass meine Seele, die Er so oft an sich gezogen hat, verloren gehe. Amen.

Anmerkungen

1) Die Eltern der hl. Teresa hießen: Alonso Sanchez de Cepeda und Beatriz de Ahumada.

In den Seligsprechungsprozessen sowie in den ersten Biographien wird die adelige Abstammung der hl. Teresa betont. Die vermutete Unrichtigkeit dieser Behauptung wurde erst im Jahr 1946 bestätigt, als man zufällig die Unterlagen eines an und für sich nicht sehr relevanten Rechtsstreites auffand. Es handelte sich dabei darum, dass der Stadtrat einer kleinen Ortschaft in der Provinz Avila die Familie Sanchez Cepeda von der Bezahlung der 100 Maravedis nicht befreien wollte.

Im Verlauf der Verhandlung stellte die gegnerische Partei fest, dass der Großvater und der Vater der hl. Teresa jüdischer Abstammung waren und dass sie in Toledo 1485 von der Inquisition begnadigt wurden. Selbstverständlich behauptete die Familie weiter ihre adelige Abstammung, doch bewies der Stadtrat ihre jüdische Deszendenz.

2) Um die Persönlichkeit und den Charakter der hl. Teresa erfassen zu können, darf man weder Randbemerkungen noch zufällig Erwähntes übersehen.

Schon in den ersten Kapiteln der Autobiographie fällt Teresas Unternehmungsgeist auf und diesen Charakterzug lassen einige Episoden aus ihrer Kindheit deutlich erkennen: Sie will in das Land der Mauren ziehen (ein unkompliziertes Vorhaben für ihre kindliche Phantasie) und versucht ihren Bruder dafür zu gewinnen. Mit den Mädchen spielt sie im elterlichen Garten Klosterleben und baut Eremitagen. Als sie sich entscheidet, ins Kloster zu gehen, überredet sie ihren Bruder, dass auch er ihr folgt. Dieser Unternehmungsgeist wird aber dann harten Prüfungen ausgesetzt, vor allem in einer späteren Zeit ihres Lebens, als sie nämlich die Reform des Karmelordens in Angriff nimmt. Unternehmungsgeist, Führereigenschaften,

Vitalität und Entschlossenheit lassen sich bei ihr von Anfang an feststellen.

3) Die schwere Krankheit und ihr Scheintod verursachten eine sehr peinliche Situation, und zwar in erster Linie für den Vater, der sich zweifellos Vorwürfe machen musste, da er die Tochter nicht zur Beichte gehen ließ, aber auch für die Schwestern im Kloster der Menschwerdung, da eine „junge" Schwester tot war. Ribera erzählt in seinem „Leben der hl. Teresa", dass eines Tages Lorenzo, ihr Bruder, damals 20 Jahre, Nachtwache halten musste. Dabei schlief er ein. Die Kerze entzündete die Leintücher. Wäre er nicht durch den intensiven Rauch wach geworden, wäre Teresa im Totenbett verbrannt.

Nur der Vater verharrte bei seiner Meinung, dass seine Tochter nicht tot wäre, obwohl man schon alle für ein Begräbnis üblichen Vorkehrungen getroffen hatte: Grab im Kloster, Wachs auf die Augen, Totenmesse ...

Erst am vierten Tage gab sie ein Lebenszeichen. Die Genesung aber dauerte sehr lange. Anfänglich konnte sie sich fast gar nicht bewegen. Acht Monate währte dieser Zustand und an die drei Jahre noch blieb sie praktisch gelähmt. „Als ich begann, auf allen Vieren zu kriechen, lobte ich Gott", schreibt sie.

4) Der Großvater der hl. Teresa war ein großer und fähiger Geschäftsmann; sein Sohn Alonso aber trat nicht mit ähnlichem Erfolg in seine Fußstapfen. Die Geschäfte gingen nicht gut. In dieser Situation lebte er lange Zeit von Zinsen, was unwürdig war für einen Mann jüdischer Abstammung. Mit der Zeit sah er sich gezwungen, schrittweise seine Besitztümer sowie die Mitgift seiner ersten Frau (Catalina del Peso) zu veräußern. Als er 1543 starb, war er nicht nur arm, sondern auch stark verschuldet. Die Testamentseröffnung bereitete den Kindern eine unangenehme Überraschung und Demütigung: Der ganze Nachlass bestand aus geringfügigen Gegenständen und es kam sogar zu einem Prozess wegen Alltagskleidern und der einen Hälfte des Ehebettes. Die andere Hälfte gehörte nämlich Maria, der Tochter aus erster Ehe.

5) Immer wieder fällt die Übertreibung Teresas bei ihren Sünden und Schwächen auf. Die Erfahrung der eigenen Schattenseiten wird umso deutlicher, je näher man der Sonne ist. Ob nicht diese bei Teresa ein wenig zu negativ ausfällt? Andererseits kann das Unterstreichen ihrer Nichtigkeit als positives Zeichen dafür gewertet werden, wie intensiv sie Gott und Seine Größe erfahren hat. Gerade große Heilige bekennen sich als große Sünder, weil sie den Unterschied zwischen sich und Gott so krass empfinden.

6) Dieser gelungene Vergleich von den vier Bewässerungsarten ist nicht der einzige, den wir in den Werken der hl. Teresa finden. An einer anderen Stelle verwendet sie das Bild einer Burg. Die Seele ist eine Burg mit vielen Wohnungen, deren schönste sich in der Mitte, im Innersten des Menschen befindet.

Beide Vergleiche betonen wichtige Aspekte des Gebetsweges. Das Bild „Burg" entspricht mehr der heutigen Tendenz in der Meditation als „Weg nach innen". Damit kommt auch das dynamische, progressive Voranschreiten des Menschen bis zum inneren Kern, der schönsten Wohnung der Burg, stärker zum Ausdruck.

Die vier Bewässerungsarten lassen uns deutlich erkennen, dass auf dem Weg des Gebetes nicht alles persönliche Anstrengung und Mühe ist, sondern dass die höheren Stufen eigentlich Geschenk sind.

7) Mehrmals spricht sie von den Seelenführern. Sie bezeichnet diese als Lehrer, wobei auffällt, dass sie nicht deren Priestertum oder die Zugehörigkeit zu einem Orden betont. Festigkeit im Glauben und in der Treue zur Kirche setzt sie voraus.

Drei Eigenschaften verlangt Teresa von ihnen:

a) Klugheit: eine sehr wichtige Fähigkeit, denn sie dürfen sich nicht unausgeglichenen und übertriebenen Schwärmereien hingeben.

b) Persönliche Erfahrung im Gebet! Dies ist vor allem für die Anfänger sehr wichtig, damit sie nicht entmutigt werden durch das Beispiel des Lehrers. Fortgeschrittene halten mehr aus. Sie lassen sich auch durch Fehler nicht den Mut nehmen.

c) Wissen: Sie sollen theologisch und pastoral kenntnisreich sein, um unterscheiden zu können, woher der Geist kommt.

8) Francisco de Salcedo hieß dieser heiligmäßige Edelmann, der in der Welt als verheirateter Mann ein vorbildliches Leben führt. Gerade bei diesen anfänglichen Schwierigkeiten spielt Francisco de Salcedo eine wichtige Rolle. Er versucht nicht nur, sie zu verstehen oder sie auf manche Gefahren aufmerksam zu machen, sondern gibt den Anstoß dazu, dass Teresa sich von den Jesuiten beraten lässt. Die Heilige anerkennt die Tugenden und die Frömmigkeit dieses Mannes. In einem Brief an ihren Bruder Lorenzo schreibt sie: „Ich weiß nicht, ob ich nicht behaupten soll, dass er der Mensch ist, dem ich am meisten in meinem Leben verdanke, weil er ja begann, mir Licht zu bringen." Im Jahr 1570 verwitwet, wird Francisco de Salcedo zum Priester geweiht.

9) Es würde den Rahmen sprengen, alle Beichtväter der hl. Teresa aufzuzählen und charakterisieren zu wollen. Mögen hier die Namen einiger weniger genügen, um anzudeuten, wie sie trotz ihrer mystischen Gotteserfahrung immer wieder fähige und kompetente Priester aufsucht, um sich von ihnen beraten zu lassen.

P. Diego Cetina ist ein ganz junger Jesuitenpater. Als Seelenführer ermahnt er sie, die Meditation nicht zu vernachlässigen. Seine Art ist für Teresa hilfreich. Nach kurzer Zeit empfiehlt er ihr, alles mit Franz Borja zu besprechen, der zufällig in Avila weilt.

P. Juan Pradanos: Der Siebenundzwanzigjährige erreicht als Beichtvater sehr viel. Unter seiner Führung gelangt sie zum Gipfel der Vollkommenheit und zur geistigen Verlobung.

P. Balthasar Alvarez: Die geistige Situation Teresas ist sehr problematisch, der Jesuit erst 25 Jahre alt. Teresa erfährt sehr hohe mystische Gnaden und Visionen, der junge Beichtvater aber ist skeptisch und hinterfragt alles. Er muss viele Verleumdungen und Verfolgungen einstecken, weil er zu ihr hält und sie verteidigt. Der Kontakt zwischen Teresa und P. Alvarez wird immer intensiver und seine Führung lässt sich vor allem bei den Klostergründungen von Medina, Palencia und Burgos verspüren, zu einer Zeit, als er Provinzial der Jesuiten ist.

P. Domingo Báñez OP ist einer der bedeutendsten spanischen Theologen nach dem Konzil von Trient. Er taucht im Leben der hl. Teresa immer wieder in entscheidenden und schwierigen Situationen auf, so etwa bei der Gründung von Avila. Ihre Beziehungen sind von Vertrauen und Spontaneität getragen. Sie schreibt ihm einmal, er solle doch einen ordentlichen Urlaub machen, denn so etwas sei notwendig für einen, der das ganze Jahr gearbeitet hat.

P. Pedro Ibañez OP ist gleichfalls ein großer Gelehrter. Bei der Idee der Gründung unterstützt und ermutigt er sie mit seinem Rat: Man soll die Gründung nicht unterlassen, nur etwas mehr Vertrauen zu Gott muss man haben.

10) Es handelt sich um Guiomar de Ulloa, eine anscheinend recht impulsive Frau. Obwohl mit 25 Jahren verwitwet, heiratet sie nicht wieder. Teresa spricht von ihr als einer sehr christlichen und Gott hingegebenen Persönlichkeit. Doña Guiomar vermittelt Beichtväter für Teresa. Sie beide verbinde eine noch tiefere Freundschaft als zwischen Schwestern, meint diese in einem Brief. Guiomar ist sofort bereit, konkrete Schritte zu unternehmen, um die Gründung von Avila zu organisieren, als eines Tages das Gespräch darauf kommt. Sie scheut sich nicht, zum Provinzial zu gehen und ihm den Plan vorzulegen. Die Vorbereitungen für die Gründung bringen ihr große Schwierigkeiten, da niemand sie lossprechen will.

11) Teresa unterscheidet folgende Visionsarten: Die körperliche Vision oder jene, die man mit den Augen des Körpers sieht, und die imaginäre Vision oder jene, die man mit den Augen der Seele erfährt. Es handelt sich hier also um ein Bild, das in unserer Imagination ganz lebendig wird. Hier aber spricht

Teresa von einer anderen Art, wir können sagen, von einer intellektuellen Vision.

12) Es finden mehrere Begegnungen zwischen Teresa und Pedro von Alcántara statt. Sie empfindet Ehrfurcht vor diesem heiligen Mann und beide gewinnen ein so tiefes Vertrauen zueinander, dass sie später alles besprechen können. Großen Eindruck auf Teresa machen seine Bußübungen und seine asketische Gestalt. Sie schreibt: „Er war schon alt und wie aus Baumwurzeln geflochten." Nach seinem Tod sah sie ihn direkt in den Himmel aufsteigen, also ohne durch das Fegefeuer zu gehen. Von Pedro weiß sie sich in allen ihren Bemühungen um die Reform des Ordens verstanden, da dieser selbst bereits eine eigene Reform bei den Franziskanern durchgeführt hatte.

13) Luisa de la Cerda, eine angesehene Dame, erreicht vom Provinzial, dass Teresa nach dem Tod ihres Gatten zu ihr nach Toledo kommt. In dieser Zeit macht sie ihre Erfahrungen über den Wert von Adel, Besitz, Ansehen usw. Während ihres Aufenthaltes in Toledo geschieht Wichtiges: die Begegnung mit P. García de Toledo, der ihr befiehlt, das Buch der Autobiographie zu schreiben, ein neues Treffen mit Pedro von Alcántara, die providentielle Begegnung mit der Beatin María de Jesús und erste Gedanken einer Gründung in Strenge und Armut. Das Ansehen und die gesellschaftlichen Kontakte der adeligen Dame sind für Teresa eine willkommene Hilfe, vor allem in der schwierigen und heiklen Zeit der Reform. Doña Luisa interveniert beim Papst und beim P. General um Erlaubnis für weitere Gründungen und bietet Teresa das Haus für eine Gründung der Schwestern in Malagón an. Der Kontakt zwischen Luisa und dem Orden bleibt aufrecht und intensiviert sich im Lauf der Zeit. Mehrere Klöster ziehen aus der Wohltätigkeit Luisas Gewinn.

14) Wiederholt kommt im „Buch des Lebens" der Begriff „Klöster ohne Einkünfte" bzw. „Klöster mit festen Einkünften" vor. Diese Unterscheidung bereitete Teresa viel Kopfzerbrechen. Ihre ursprüngliche Idee bestand darin, Klöster ohne feste

Einkünfte zu gründen, d.h. nur solche, die von freiwilligen Spenden leben. Später jedoch muss Teresa ihre Ansicht ändern und Klöster mit festen Einkünften errichten, d.h. solche, deren Unterhalt durch die Unterstützung der Gründungspersonen gesichert ist. Die Gründung von Malagón (1568) manifestiert diese Meinungsänderung, der eine harte Entscheidung vorangegangen ist: Pedro von Alcántara rät ihr, keine festen Einkünfte zu billigen, P. Domingo Báñez legt ihr nahe, diese anzunehmen, da das Konzil von Trient sie erlaube. Diesmal entscheidet sich Teresa für die Meinung des Theologen.

15) Noch vor Abfassung ihrer Autobiographie hat Teresa mehreren Beichtvätern und Seelenführern kurze Berichte über ihr Leben und ihre Art zu beten übermittelt. Man darf annehmen, dass sie solche schriftlichen Bekenntnisse den PP. Cetina, Daza und Salcedo oder - noch wahrscheinlicher - Pedro de Alcántara zukommen ließ. Wiederholt spricht jedenfalls Teresa von ihrem Bemühen, dem Beichtvater ihre innere Situation schriftlich darzulegen. Im Nachwort zur spanischen Originalausgabe findet sich das genaue Datum der Fertigstellung des Buches: Juni 1562. Dass im Text die Beschreibung der Gründung des Klosters St. Josef zu Avila (24. August 1562) enthalten ist, lässt sich unschwer auf Grund weiterer Redaktionen des Werkes erklären.

16) Teresa verfasst ihre Autobiographie auf Anordnung ihres Beichtvaters P. García de Toledo OP. Nach der Errichtung des ersten reformierten Klosters befiehlt ihr García eine Ergänzung des Buches, welche die Beschreibung dieser Gründung enthalten soll (vgl. den Prolog zum Buch der Klostergründungen, Nr. 2). In einem Bericht (Nr. 53) erwähnt sie ein Gespräch mit dem Inquisitor Soto, Bischof von Salamanca, etwa 13 Jahre nach der Gründung von Avila. Dieser legt ihr nahe, alles niederzuschreiben und es an Juan de Avila, der in Gebetsthemen wohl erfahren ist, zur Überprüfung zu schicken.

Nachwort

Die persönlichen Bekenntnisse Teresas in ihrer Biographie, die uns von ihren Sünden und Schwächen ebenso wie von der Größe Gottes berichtet, reichen bis zum Jahr 1565. Dem Abschluss ihrer Niederschrift folgt im Leben der Heiligen noch ein wichtiger Abschnitt, in dem sie sich immer mehr und mehr dem Gipfel der Beschauung und der Vereinigung mit Gott nähert. Rund 17 Jahre also sind im „Buch des Lebens" nicht enthalten: wichtige Jahre, Jahre großer Prüfungen und Läuterungen, aber auch Jahre großer mystischer Gnaden.

In dieser Zeit entfaltet Teresa ihre Tätigkeit als Ordensgründerin und Reformatorin und ist dabei so gut wie immer mit großen Schwierigkeiten und Problemen konfrontiert. Aus dem inneren Drang heraus, dem Herrn allein zu gehören und nur für Ihn zu leben, lässt sie sich von Kämpfen und Verleumdungen nicht ablenken. Die Gründung des ersten Klosters der Unbeschuhten Karmeliten in Duruelo (1568) bereitet ihr, wie sie selbst bekennt, noch größere Freude als die Errichtung von Schwesternklöstern.

Das Jahr 1575 wird für sie besonders schwierig. Das Generalkapitel in Piacenza (Italien) beschließt die Aufhebung der Reformklöster in Andalusien. Teresa wehrt sich vehement dagegen und schreibt in diesem Zusammenhang zwei Briefe an König Philipp II. von Spanien sowie einen an P. Rubeo, der ihr seinerzeit die Erlaubnis zur Gründung der Klöster gegeben hat.

1577 verfasst sie das Buch „Seelenburg", ein Werk, das eine großartige Einführung in die mystische Praxis und eine Art Weggeleit für die mystische Vereinigung mit Gott darstellt. Das Bild der sieben Wohnungen und deren

Deutungen lassen die Stufen und Grade des Einswerdens mit Gott erkennen. Je näher wir Gott sind, desto freier werden wir von allem, was uns ablenkt, gefangen hält oder daran hindert, Ihm allein zu gehören. Ihre mystischen Werke, die so reich an Erfahrung und konkreten Ratschlägen für das Leben mit Gott sind, schreibt Teresa parallel zu ihren Verpflichtungen als Ordensgründerin.

Das „Buch der Klostergründungen" etwa, verfasst, wie sie es ausdrückt, in „gestohlener" Zeit - statt am Spinnrad zu sitzen -, ist keine bloße geschichtliche Darstellung. Die Gründungen bilden nur den Rahmen, in dem Teresa ihren Schwestern das Leben der ersten Karmelitinnen der Reform zu schildern versucht und zugleich ihre Gedanken über Gehorsam, Askese, über das Verhalten von Oberinnen, vor allem aber über das Wirken Gottes in ihrem eigenen Leben offenbart.

Nach einem erfüllten Leben stirbt Teresa in Alba de Tormes am 4. Oktober 1582. Knapp vor ihrem Tod bekennt sie: „Endlich sterbe ich als Tochter der Kirche." Dies ist ein Satz von tiefer Bedeutung, wenn man sich die Angst vor Augen hält, die Furcht vor der Inquisition, die Teresa am Anfang ihres mystischen Lebens durchgestanden hat. Dank der Führung durch den Herrn aber nimmt in ihr die innere Sicherheit, ihr Vertrauen zu Gott immer mehr zu und bezeugt dann die wahre Freiheit und Lebensfreude, die aus der totalen Selbsthingabe an Ihn stammen.

Weitere Literatur zu Teresa von Avila:

Teresa von Avila, **Die Klostergründungen.** Verlag Christliche Innerlichkeit, Wien 1998, 323 S. EUR 10,90 SFR 17,30
Mit dieser Neuübersetzung möchten wir all jenen, die am Leben und Wirken Teresas interessiert sind, einen Zugang zu den Schriften ermöglichen, wo das Zusammenspiel von Gott und dem Menschen Teresa konkret sichtbar wird - in ihren Gründungen.

P. Antonio Sagardoy OCD, **Die Seelenburg.** Bilder der Mystik, Verlag Christliche Innerlichkeit, Wien 1994, 48 S. EUR 3,65 SFR 7,-
Das Anliegen dieses Büchleins ist es, auf einige Grundthemen aus dem Buch „Seelenburg" hinzuweisen und damit manche Menschen zu motivieren, das Buch selbst zu lesen und den Weg zu entdecken, den Gott mit uns geht.

P. Antonio Sagardoy OCD, **Frei machende Mystik.** Verlag Christliche Innerlichkeit, Wien 1999, 48 S. EUR 3,65 SFR 7,-
Wer den Weg des Glaubens aus der Beziehung mit Gott geht, wird Schritt für Schritt Prioritäten setzen, die ihn zugleich von jeder Abhängigkeit befreien.Dieses Büchlein will eine Einführung und Begleitung zum Buch „Weg der Vollkommenheit" sein, in dem Teresa von Avila von dieser Erfahrung der Befreiung berichtet.

Bestellungen und weitere Informationen:
Verlag CHRISTLICHE INNERLICHKEIT
A - 1190 Wien, Silbergasse 35